Walter Weiss
Wie Kinder unter der Scheidung leiden

Walter Weiss

Wie Kinder unter der Scheidung leiden

Eine Analyse

Der Verlag legt großen Wert darauf, daß seine Bücher der alten Rechtschreibung folgen. Die Entscheidung bezieht sich auf die Sinnwidrigkeit der meisten neuen Regeln und darauf, daß sie sich gegen die deutsche Sprache selbst richten.

Gedruckt mit Unterstützung des Bundesministeriums für Wissenschaft und Forschung in Wien, der Magistratsabteilung 7 – Kultur, Wissenschafts- und Forschungsförderung der Stadt Wien sowie der Abteilung Kultur und Wissenschaft des Amtes der NÖ Landesregierung.

Die Deutsche Bibliothek – CIP-Einheitsaufnahme

Weiss, Walter
Wie Kinder unter der Scheidung leiden – Eine Analyse / Walter Weiss. –

Wien–Klosterneuburg: EDITION VA bENE, 2011
(Eine Dokumentation)

ISBN 978-3-85167-249-7

© Copyright by Prof. Prof. Mag. Dr. Walter Weiss
EDITION VA bENE
Wien–Klosterneuburg, 2011

E-Mail: edition@vabene.at
Homepage: vabene.at

Das Werk einschließlich aller seiner Teile ist urheberrechtlich geschützt. Jede Verwendung außerhalb der engen Grenzen des Urheberrechtsgesetzes ist ohne Zustimmung des Verlages unzulässig und strafbar. Das gilt insbesondere für Vervielfältigungen, Übersetzungen, Mikroverfilmungen und die Einspeicherung und Verarbeitung in elektronischen Systemen.

Satz und Druckvorlage: b&R-satzstudio, Graz
Umschlaggestaltung: Mag[a]. Tina Gerstenmayer
Druck und Bindung: CPI Moravia Books s. r. o., CZ-Pohořelice

Printed in the Czech Republic

ISBN 978-3-85167-249-7

Inhaltsverzeichnis

Hinweis an den Leser 11

„... da waren 's nur mehr zwei."
   Wie Kinder unter der Scheidung leiden 15
   Geborgenheitsprobleme 17
   Das Kind als Therapeut 20
   Schuld macht krank 22
   Der Kampf ums Kind 23

TEIL I: DIE „LIEBE" FAMILIE 25

Khalil Gibran: Von der Ehe 26

„Seid fruchtbar und mehret euch"
   Was die Familie im Innersten zusammenhält 27
   Kinder als Tarnkappe 28
   Die Fünfzehnjahrtheorie 29
   Vom Sinn der Familie 31
   Der Ehe„partner" als Besitz 33
   Der Ehe„partner" als Eigentum 34
   Kinder als Waffen 34
   Warum Ehe? 36
   Hamlet heute 37
   Weniger Kinder 39
   Vom Streiten 41
   Pivatsphäre im Gemeindebau? 43
   Das Rätsel Persönlichkeit 44
   Kommunikation ist alles 45

„Es gibt nichts, was die Geschlechter miteinander haben"
   Scheidung ist immer ein Kommunikationsproblem 48
   Männlichkeit als Ablösung, Weiblichkeit als Bindung 49
   Fairneß kontra Fürsorge 52
   Gleichberechtigung versus gleichwertig 53

Geschlechterk(r)ampf 53
Narzißtische Familien 54
Die Muttersöhnchen 56
Die Prügelknaben 57
Der Watschenbaum 59
Der zerbrochene Spiegel 60

TEIL II: ELTERN ALS TÄTER 63

Khalil Gibran: Von den Kindern 64

„Da hast du jetzt einen Hieb, und vielleicht hängt der mit der Scheidung zusammen" oder: Wie man trotzdem was wird im Leben – Interview mit Katharina 65

„... in seinen Armen das Kind war tot"
  Kinder erleben ihre Eltern 77
  Konfliktbewältigung 79
  Die „gute" und die „böse" Mutter 80
  Die Mutter-Kind-Symbiose 82
  Die orale Phase 82
  Wonnesaugen und Urraum 84
  Die anale Phase 86
  Die Vaterbeziehung 87
  Die Wiederannäherung 88
  Die frühe genitale Phase 90
  Die ödipale Phase 92

„... nein, meine Suppe eß ich nicht."
  Fehlerhafte Dreierbeziehungen 95
  Wenn der Vater nicht da ist 97
  Die aggressive Dreierbeziehung 98
  Narzißmus und neurotische Ängste 100
  Der Vater als Mutterersatz 101
  Kastration und Traumata 102
  Penisneid und erlebte Kastration 103
  Neurotische Aggression 104

„Was wolltest du mit dem Dolche, sprich?"
  Scheidungskinder und ihre Reaktionen 106
  Die Abwehrmechanismen 107
  Archaische Ängste 110
  Trauer und Wut 111
  Schuld und Magie 112
  Scheidungsreaktionen 113
  Direkte Reaktionen 115
  Alte Neurosen 116
  Traumata 116
  Zusammenbrechende Abwehren 117
  Neurotische Symptome als Antwort auf das Trauma 119

TEIL III: KINDER ALS OPFER 121

Gedicht eines unbekannten Maturanten 122

Zum Nachdenken 123

„Er geht mir überhaupt nicht ab" oder: die lachende
Roßnatur – Interview mit Berta 124
  Versuch einer Interpretation 130

„Ich hab gar nicht bemerkt, daß so vieles so sehr anders war"
oder: die einsame Resignierende – Interview mit Anna 131
  Versuch einer Interpretation 135

„Es ist vorbei, es war einmal" oder: die „coole" Rationalistin –
Interview mit Beate 137
  Versuch einer Interpretation 142

„Ich möcht so werden wie mein Vater" oder: die gelungene
Identifikation eines Vaterfans – Interview mit Gerhard 144
  Versuch einer Interpretation 149

„Ich möchte überall gut sein" oder: die Überangepaßte –
Interview mit Sabine 152
  Versuch einer Interpretation 160

„Ich hab eigentlich mehr einen Vater dazugewonnen als einen verloren" oder: der freie Männersohn – Interview mit Fritz ... 162
    Versuch einer Interpretation 168

„Er hat einmal sogar versucht, meine Mutter zu vergewaltigen" oder: der Haß auf den Mutterersatz – Interview mit David ... 170
    Versuch einer Interpretation 177

„Wenn ich krank war, hat sich meine Mutter um mich kümmern müssen" oder: der leidende Introvertierte – Interview mit Max 179
    Versuch einer Interpretation 184

Literaturverzeichnis 187

*Wenn ein Mensch auf die Welt kommt, ist er fertig gemacht.
Später wird er dann fertiggemacht.*
Helmut Qualtinger

Hinweis an den Leser

Zu den größten Schwächen unseres Erziehungssystems gehört die Tatsache, daß wir nicht lernen, Konflikte zu bewältigen.

Gerhard Schwarz

Sie sind bereits geschieden; Sie stehen inmitten Ihrer Scheidung; Sie wollen sich scheiden lassen; Sie kennen ein Kind (einen Jugendlichen), auf dessen Eltern eine der drei Möglichkeiten zutrifft. Für alle gilt: Das von der Scheidung betroffene Kind ist in höchstem Maße gefährdet! Nicht durch die Scheidung allein, auch der Streß, unter den das Kind durch das einbekannte Unvermögen seiner Eltern, weiterhin miteinander auskommen zu können, gerät, ist vielmehr vergleichsweise harmlos gegenüber den psychischen Belastungen, die ihm seine uneinen Eltern schon zuvor angetan haben und unter denen das Kind schon bisher hat leben müssen. Dabei geht der Autor von der allen Psychoanalytikern, Psychologen und Soziologen bekannten Tatsache aus, daß Scheidung immer nur der Tragödie letzter Akt und das Eingeständnis ist, es länger nicht mehr miteinander auszuhalten. So gesehen ist jede Scheidung aber immer eine kraß egoistische Tat, weil das Unvermögen des „Miteinander" stets nur die Eheleute mit einschließt. In einer Familie spielt aber das Kind (spielen die Kinder) eine viel wichtigere Rolle, als es die Scheidungsgegner sich selbst und einander eingestehen wollen. Der im Entschluß zur Scheidung gipfelnde Entfremdungsprozeß der Eltern hat das betroffene Kind daher immer schon mit eingeschlossen, belastet und bekümmert. Vielfach hat es sogar aktiv daran teilgenommen und wurde weit mehr geschädigt, als die Scheidungsgegner jemals annehmen.

Aus diesem mangelnden Eingeständnis resultiert auch die – ebenfalls psychologisch erklärbare – weitverbreitete Uneinsichtigkeit, Gründe für das Scheitern der Beziehung auch *bei sich* zu suchen. Dabei spricht der Autor absichtlich nur von „Gründen" und nicht von „Schuld", da es nach erfolgtem Bruch nicht mehr sehr sinnvoll ist, nach Schuld zu suchen oder eine solche zuzuweisen.

Eine kaputte Beziehung ist traurig genug, um sich im nachhinein noch darüber zu streiten, wer denn nun die Schuld an ihrem Scheitern trage. Schuldzuweisungen benötigt nur das Gericht für sein Urteil. Psychologen und Psychoanalytiker brauchen nicht zu urteilen. Sie sollen helfen und zu heilen versuchen. Dennoch werden Diagnostiker und Therapeuten oftmals wütend angegriffen, wenn sie Ursächlichkeiten für den erfolgten Bruch auch beim sie konsultierenden Scheidungs„opfer" ausloten und sich damit mit dem Scheidungs„opfer" und dessen subjektiver Schuldzuweisung nicht solidarisch erklären (können).

Merksatz: *Je wütender Schuld zugewiesen wird, desto mehr fühlt man selbst welche.* Das Unbewußte ist unbestechlich.

Der Autor des vorliegenden Buches will nun behutsam versuchen, dem Betroffenen bewußtzumachen, daß viele seiner vergangenen Fehlverhalten für die heutige Zeit fast schon typisch sind, aber – vielleicht – noch behoben werden können; auch daß gruppen- und gesellschaftsdynamische Entwicklungen heute mehrheitlich dazu führen, in der tradierten Kleinfamilie leichter zu scheitern als früher. Denn nicht die Scheidenden sind primär schuld am Kollaps ihrer Beziehung, sondern es liegt heute *im Wesen der Kleinfamilie und der ökonomischen Bedingungen,* daß in unserer gesellschaftlichen Struktur die Kleinfamilie so zerbrechlich geworden ist.

Daher steht im vorliegenden Buch nicht die Scheidung als solche im Vordergrund. Vielmehr werden auch jene gesellschaftlichen Entwicklungen und persönlichen Fehlverhalten beschrieben, die heutzutage jede zweite Ehe vor den Scheidungsrichter führen. Das Aufzeigen dieser Gründe mag viele Betroffene noch betroffener machen, gleichzeitig aber auch dazu beitragen, ihre (auch unbewußten) Schuldgefühle abzubauen: Zu wissen, daß man in gewissem Sinn Opfer einer gesellschaftlichen (Fehl-)Entwicklung geworden ist, mag den Kummer um den verlorenen Partner und die doch so hoffnungsvoll begonnene Beziehung lindern helfen.

Wichtig erscheint dem Autor auch noch, den Betroffenen bewußtzumachen, daß die meisten jetzt, nach der Scheidung, beobachteten und/oder befürchteten Symptome und Verhaltensauffälligkeiten des Kindes ihre Ursachen schon lange vor der eigentlichen Trennung der Eltern haben. Dies macht die Behebung oder Linderung der Störungen nicht leichter, hilft aber, sie zu verstehen und ihnen gegenüber toleranter zu sein. Der Leser wird dadurch in die Lage versetzt, nicht Symptome, sondern Ursachen erkennen zu können – freilich oft nur mit Hilfe eines Psychoanalytikers oder Psychologen.

Klosterneuburg, November 2010

Univ.-Lektor Prof. Prof. Mag. Dr. Walter Weiss

„… da waren 's nur mehr zwei."
(aus einem Kinderauszählreim)

WIE KINDER UNTER DER SCHEIDUNG LEIDEN

*Gott gebe uns die Gelassenheit,
Dinge hinzunehmen,
die wir nicht ändern können,
den Mut, Dinge zu ändern,
die wir ändern können,
und die Weisheit,
das eine vom anderen zu unterscheiden.*

Friedrich Christoph Oetinger

Wie reagieren betroffene Eltern im ersten Schrecken auf diese Erkenntnis? Aller Voraussicht nach werden die Reaktionen der Eltern auf diese „Entdeckung" so unterschiedlich sein, wie die Leiden der Kinder uneinheitlich sind. Genausowenig, wie es *eine* ganz spezifische Reaktion des Erziehungsberechtigten auf diese Entdeckung gibt, läßt sich eindeutig von *den* Leiden sprechen. Der Mensch ist nicht eine Sache, die sich in ihren Reaktionen streng kausal bestimmen läßt. In seinem Ursache-Wirkungs-Verhältnis ist der Mensch durch seine Freiheit gar nicht oder nur sehr ungenau im voraus in seinen Entscheidungen und Handlungen berechenbar. Daher wird der eine Vater oder die eine Mutter affektgeladen auf die Entdeckung reagieren, der eigene Sprößling zeige – zusätzlich zu den Zores mit dem (Noch-)Ehegespons – jetzt auch nervende Verhaltensänderungen. Andere Eltern werden versuchen, mit dem Jugendlichen darüber in Ruhe zu reden. Wieder andere mögen die „Entdeckung" gar für sich behalten und erst abwarten, ob sich die Verhaltensänderungen stabilisieren oder wieder vorbeigehen.

Besonnenheit ist auf alle Fälle oberstes Gebot.

Wer will eigentlich die Scheidung? Wann läßt man sich – endlich? – scheiden? Warum läßt man sich scheiden? Eines ist aber allgemein einbekannt: Scheiden läßt sich nur jemand, der seine positiv-emotionale Bindung zum Ehepartner verloren hat. Dessen Gefühlsleben ge- oder verstört ist; der keinen interessierenden Halt mehr an seinem Ehepartner verspürt und dem die eigentliche Um-Welt – die Zelle der Familie – entfremdet ist. Sie ist ihm – rückblickend festgestellt – entfremdet *worden* und nun nicht mehr Mit-Welt, sondern fremde Welt. *Lee Salk,* Professor für Kinderpsychologie an der Cornell-University, bezeichnet in seinem Buch „So helfe ich meinem Kind, wenn ich mich scheiden lasse" die Scheidung als „eine der schwersten seelischen Belastungen, denen ein Mensch ausgesetzt werden kann ... Eine Scheidung bringt Auflösungserscheinungen in einem solchen Ausmaß mit sich, daß die Betroffenen sich überfordert fühlen und sich fragen, wie sie das überhaupt durchstehen können." Die Geborgenheit der Familie, die jeder traditionell denkende, fühlende und handelnde Mensch zum Er- und Überleben scheinbar benötigt, ist verlorengegangen. Wem Geborgenheit – ein seelischer Wert! – fehlt, die er/sie in der Familie sucht, kann sogar körperlich – ein physischer Wert! – erkranken. Salk dazu: „Die Stärke dieser Gefühlsregungen erhärtet die Tatsache, daß es sich hier um eines der traumatischsten Erlebnisse handelt, die dem Menschen begegnen können."

Familie ist aber – im ureigentlichen Sinn – erst dann, wenn auch Kinder da sind. Daraus ergibt sich, daß von den seelischen und körperlichen Erkrankungen, die Nicht-Geborgenheit hervorrufen (können?), nicht nur die unmittelbar an der Scheidung beteiligten Ehepartner, sondern auch die zur Familie gehörigen Kinder (das Kind) betroffen sind (ist). Und da das Kind (die Kinder) immer das/die schwächste(n) (Mit-)Glied(er) einer Familie ist (sind) und der Infektion seelischen und körperlichen Unbills auch am wenigsten Widerstand entgegensetzen kann (können), wird (werden) es/sie am härtesten getroffen. Wenn auch nicht unbedingt unmittelbar – da es/sie „die Scheidung" mitunter erst später und nur selten scheinbar gar nicht mitkriegt/-kriegen.

Das „scheinbar" steht für den naiven Realisten, der nur glaubt, was er sieht und erfährt. Die Psyche des Kleinkindes und kleinen Kindes (natürlich erst recht die des größeren, ja auch pubertierenden) re-agiert auf jeden Umweltreiz, muß das aber nicht sofort, also für den Vater oder die Mutter *unmittelbar* erkennbar, tun. Die vom Tohuwabohu einer Scheidung scheinbar nicht betroffenen Kinder sind daher Wunschdenken. Die Frage ist vielmehr, ob das Kind nicht schon längst durch das unbefriedigende Zusammenleben der in Scheidung befindlichen oder mit der Scheidung kokettierenden Eltern seine unheilbaren Blessuren davongetragen hat, und die Scheidung selbst es davon im wahrsten Sinne des Wortes nur mehr „erlösen" würde.

Das Kind infiziert sich an der Mißstimmung zwischen seinen Eltern und flüchtet in seiner Hilflosigkeit in die Abwehr und damit in die Verhaltensänderung. Diese lindert, quasi als Medizin, den Konflikt und ist ein unbewußter Selbstheilungsversuch. Nach dem Wiener Dozenten für Philosophie und Gruppendynamik, Gerhard Schwarz, handelt es sich bei einem Konflikt „um einen Gegensatz, bei dem sich mit den einander kontradiktorisch ausschließenden Aussagen jeweils Menschen oder Gruppen identifizieren. Sehr oft stehen verschiedene Interessen hinter einem Konflikt, zu dem es nur kommt, wenn verschiedene Menschen immer nur jeweils eine Seite des Gegensatzes für wahr bzw. durchführbar halten. Im Grenzfall wird ein solcher Konflikt auch nur in einer Person ausgetragen, wenn sie beide Seiten des Gegensatzes in sich zu verarbeiten gezwungen ist." Eine ganze Fülle solcher „Grenzfälle" begleiten jedes Kind im Zuge seiner Erziehung. Diese Erziehungskonflikte münden – werden sie von liebenden Eltern nicht behutsam aufgearbeitet – in Verdrängungen, Projektionen, Identifikationen usw., führen in summa also zur Abwehr der Konfliktsituation. Diese stellt nun Psychologen, Psychoanalytiker, Soziologen, Familientherapeuten und -berater, aber auch Ärzte und vor allem letztlich die Eltern vor jene so schwer zu beantwortende Frage, wie (und ob überhaupt!) einem solcherart neurotisch gewordenen Kind geholfen werden kann.

Geborgenheitsprobleme

Geborgenheitsprobleme können niemals durch bloße Verhaltensänderung *überwunden* werden; man kann sie bestenfalls *kurzfristig* damit *parieren* oder sie zuschütten. Ihre gesamten Auswirkungen auf Psyche und Physis, also auf Geist (Seele) und Körper bleiben bestehen. Sie brechen sich entweder gleich in Form sogenannter *psychosomatischer Erkrankungen* Bahn oder wirken in der Adoleszenz oder auch erst als Erwachsener so sehr auf das Verhalten und Auftreten des Betroffenen, daß der oft gar nicht weiß, warum er auf dieses oder jenes so und nicht anders reagiert. Langwierige und kostspielige Therapien bei einem Psychoanalytiker werden diese Stigmata aus der Jugend erst aufdecken helfen und *können* dem Patienten – denn um einen solchen handelt es sich dann ja – helfen. Solche Störungen können von körperlichen Unpäßlichkeiten oder Fehlleistungen bis zu peinlichen und der Umwelt lästig werdenden Verhaltenssyndromen führen, die dem Patienten das reibungslose Zusammenleben mit seinem Partner oder seinen Mitmenschen vermiesen kann – oder, mehr noch, den anderen das Zusammenleben mit einem solcherart Geschädigten vermiest.

Verdrängt schon der „gestreßte" erwachsene Mensch seine Probleme wenig erfolgreich (und wird krank oder Psychopath), um wieviel mehr Schwierigkeiten muß ein Kind haben, mit dem Streß, den ihm zerstrittene Eltern bereiten, fertig zu werden?

Je jünger das von der Scheidung betroffene Kind ist, desto hilfloser ist es seinen ambivalenten Gefühlsausbrüchen oder -verschiebungen ausgeliefert: Aus Liebe (zur Mutter etwa) wird Haß; die bislang ganzheitliche Identifikation (mit dem Vater etwa) bricht auf in eine gute und eine böse Hälfte; die Einheit der Welt des Kindes wird in eine „gute" und eine „böse" Sphäre gespalten, was durchaus schizoide Züge annehmen kann. Die jeweils konstruierten Hälften werden dann – mangels fehlenden ganzheitlichen Identifikationssubjektes – auf nun nicht mehr ganzheitliche Objekte projiziert: auf den verbleibenden oder weggeschiedenen, aber nun nicht mehr als Identität, also unversehrte Ganzheit empfundenen Elternteil oder – in der schlimmsten Version – gar auf sich selbst. Das Kind erlebt sich aber jetzt nicht mehr als Einheit, weil ihm der Elternteil, mit dem es sich ja bisher – freilich nur in der entsprechenden Lebensphase, also etwa von 5 bis 10 Jahren – identifiziert hatte, entweder, weil weggeschieden, fehlt oder – wenn geblieben – als nicht mehr unfehlbar, sondern als gekränkt und verletzt erscheint, – was sich natürlich nicht mehr als Krücke zur Entwicklung einer persönlichen Identität eignet. Beide Mankos können bis zur Selbstzerstörung des

Kindes führen, das sich in Schuld und/oder Haßgefühlen zerfleischt.

Jemand, der sich dadurch so elementar verletzt fühlt, weil diejenigen, die ihm bisher alle Geborgenheit gegeben haben, ihm diese entziehen, kann nicht so ohne weiteres von seiner Trauer oder seiner nackten Existenzangst „geheilt" werden. Die einzige wirklich wirksame Methode wäre eine persönliche, weit besser noch eine Familientherapie – was sehr lange dauert, sehr viel kostet und bei bereits Geschiedenen auch schwer durchführbar ist: Der Weggeschiedene wird wohl in den seltensten Fällen bereit sein, zur gemeinsamen Therapie zu erscheinen, oder der verbliebene Elternteil (meist die Mutter) weigert sich schlichtweg, dem endlich Losgewordenen nochmals in trauter Gemeinsamkeit gegenüberzusitzen.

Vorpubertäre oder pubertierende Scheidungskinder können die Scheidung ihrer Eltern scheinbar ohne Blessuren überstanden haben, bis plötzlich bislang verdrängte und verdeckte Psychoschäden vehement an die Oberfläche drängen und in Ersatzwelten und -handlungen münden oder andere Verhaltenstörungen zeitigen können. Das kann von Nymphomanie bis zur Frigidität bei Mädchen, zu Ausländer- und Frauenhaß bei Burschen, zu Kriminalität und Grausamkeit bei schwachen Charakteren führen.

Immer häufiger laufen Pubertäten schief, denn immer mehr Adoleszente – und Erwachsene! – entwickeln sich in Österreich abnormal. Wobei diese Ab-Norm bereits zur neuen Norm zu werden scheint: Jedes zweite Ehepaar läßt sich in den Städten, jedes dritte österreichweit scheiden. Dazu ein Salk-Zitat: „So gesehen ist der Fortschritt ein Produkt der Frustration." Stellt man noch die miesen, aber nicht geschiedenen Ehen in Rechnung, scheint es heute schon „normal" zu sein, vom Eltern„haus" verbogen zu werden. Die meisten Jugendlichen finden längst schon in ihrer Familie keinen Halt mehr.

Viele „verantwortungsvolle" Eltern scheuen die Scheidung – und ruinieren ihr(e) Kind(er) durch diese Entscheidungsschwäche noch mehr. *Denn: Nicht die Scheidung ist die Ursache für die ruinierten Psychen der Scheidungsopfer, sondern der schon vorher praktizierte Umgang der Eltern miteinander, der in vielen Fällen so menschenverachtend war und ist, daß die Scheidung als das geringere*

Übel angesehen werden müßte. Ein sozial bedenkliches häusliches Umfeld wird *jeden* Jugendlichen und späteren Erwachsenen schädigen. Der Kinderpsychologe Salk zitiert dazu eine Untersuchung, „nach der zwei von drei befragten verheirateten Personen die Meinung vertreten, Eltern sollten *nicht* nur um der Kinder willen zusammenbleiben."

Das Kind als Therapeut

Wollen wir das Problem der Scheidungskinder daher – für Betroffene (Eltern, Lehrer, Freunde) – einmal überspitzt und überzeichnet charakterisieren: Ihr Kind oder einer Ihrer Schüler oder Anvertrauten zeigt, daß es/er unter der Scheidung seiner Eltern leidet. Jedenfalls gehört es/er in diesem Stadium zu jenen rund 35 Prozent junger Österreicher (auch Deutscher), die unverschuldet in einen seelischen Konflikt gestoßen worden sind, dem sie nicht Herr werden können. Dieses Unvermögen artikuliert der junge Mensch damit, daß er auf seine Mitwelt mehr oder weniger, aber jedenfalls verändert reagiert. Auch wenn Sie eine Verhaltensänderung *nicht* merken sollten – die Reaktion im Kind ist vorhanden. Vielleicht zeigt das Kind seine Nöte auch tatsächlich nicht oder weiß sein dumpfes Unwohlsein nicht einzuordnen und unterdrückt es mehr oder weniger erfolgreich; etwa aus Angst vor Strafe oder um den verbliebenen Elternteil nicht zusätzlich zu belasten.

Psychoanalyse und Soziologie haben für ein solches (oft unbewußtes) Verhalten den Ausdruck „Das Kind als Therapeut" geprägt. Das Kind opfert sich stumm – und zerstört sich dabei selbst. Gereizte Eltern reagieren meist gereizt – und das Kind ist in der Hackordnung der physischen oder „nur" psychischen Gewalt immer das schwächste und letzte Glied, dessen Werden zur Individualität von seiner unmittelbaren Umwelt verhindert worden ist und das man in seiner normalen Um- und Mitwelt, zumeist also im Elternhaus, nicht jenen Menschen hat sein lassen, der es gerne gewesen wäre. Trifft die Scheidung der Eltern einen schon (Vor-)Pubertierenden, kann es zu noch schwereren Schäden kommen: In der Pubertät reift normalerweise der junge Mensch zum Erwachsenen heran und *wird* jemand anderer. Dieser mühsame Prozeß des Sich-vom-

Elternhaus-Lösens und In-die-Welt-der-Erwachsenen-Tretens wird daher in einem funktionierenden Elternhaus *gefördert*. Lassen sich die Eltern just in diesem Lebensabschnitt eines Jugendlichen scheiden, wird dieser Prozeß *verhindert*. Nicht funktionierende Elternhäuser und in Scheidung lebende Paare gibt es aber quer durch alle sozialen Schichten! Hier liegt letztlich auch die Ursache versteckt, daß die Schäden, die eine Scheidung dem Kind (den Kindern) zufügt, nicht nur auf eine bestimmte soziale Schicht beschränkt bleiben, sondern durchaus gleichverteilt in Unter-, Mittel- und Oberschicht auftreten. Nur Massenblätter und vordergründige Kommentatoren setzen Unterschicht mit sozial verroht und Mittel- und Oberschicht mit sozial kultiviert gleich.

Das Schlagwort der sogenannten Wohlstandsverwahrlosung weist darauf hin, daß die sozialen Bindungen in den Mittel- und Oberschichtfamilien keineswegs immer intakt sind und in (zu) vielen Fällen zu wünschen übriglassen. Kinder aus solchen Häusern, in denen emotional-familiäre Bindungen durch materielle Zuwendungen ersetzt werden, empfinden ihr Unerwünscht- und Ausgeschlossensein meist viel massiver als Unterschichtkinder, die in dem oft rohen Umgangston, der in ihrer Familie herrscht, und wo man mitunter auch vor brutaler Gewalt nicht zurückschreckt, zumindest eine Art von Zuwendung erblicken: Selbst der geprügelte Hund liebt seinen Herrn. Liebesentzug, wie er, ohne zu schlagen, in den Mittel- und Oberschichtfamilien so subtil als „Erziehungs"mittel eingesetzt wird, wirkt aber viel verletzender und tiefer verwundend, als die so – allerdings zu Recht – attackierte Ohrfeige und „g'sunde Watsch'n". Wer sein Kind nicht prügelt, es aber die Abneigung ihm gegenüber zynisch und permanent durch Kommunikationsentzug verspüren läßt, züchtigt und quält sein Kind viel brutaler! Und handelt nicht einmal illegal! Solche Eltern müssen sich erst gar nicht scheiden lassen, um ihr Kind zu ruinieren: Sie haben es schon zuvor getan.

Die vermißte liebevolle Förderung der Entwicklung des Pubertierenden zum Adoleszenten führt bei vielen Scheidungsjugendlichen zum Griff nach einem Ersatz; das können Drogen sein, das kann der Anschluß an eine Sekte sein. Es können aber auch gänzlich andere Zudeckfetische erwählt werden: Arbeitswut etwa. Manisches Lernen; der panische Vorzugsschüler. Der „gesunde" Erwachsene stellt sich seinen Problemen und sucht nach adäquaten Lösungsmöglichkeiten. Wenn er Glück hat oder hart daran arbeitet, findet er sie auch. Wo sollte aber das schwache Kind nach solchen Lösungsmöglichkeiten suchen – und wo sie finden, wenn die einzige Welt, die es kennt, sein Zuhause, zerbröselt?

Verallgemeinern läßt sich die Reaktions-Theorie der Scheidungsopfer nicht! Es gibt nämlich gesellschaftlich akzeptierte und von der Gesellschaft abgelehnte Reaktionen auf Frust: übertriebene Anpassung, Lerneifer, Altruismus, übersteigerte Hilfsbereitschaft werden lobend erwähnt und gefördert und meistens nicht als (eventuelle Auch-)Reaktionen (Sublimierung) des Scheidungsfrusts entschlüsselt und erkannt. Sie dienen aber sehr oft nur als Ventile, die suggerierte (und damit oft tief empfundene) Mitschuld an der Scheidung der Eltern zu sublimieren und damit abzubauen. Viele Kinder sind nämlich überzeugt, an der Scheidung ihrer Eltern mitschuldig zu sein, *ja persönlich als Teil der familiären Liebesbeziehung (Vater-Mutter-Kind) versagt zu haben.* Daher weist Lee Salk mehrfach darauf hin, daß es wesentlich sei, „die Kinder zu überzeugen, daß nicht sie Anlaß zu der Ehekrise gegeben haben und daß die Probleme allein von den Ehepartnern gelöst werden können". (S. 23)

Schuld macht krank

Reagiert ein Kind mit von der Gesellschaft geächtetem oder zumindest sanktioniertem Verhalten, ruft dieses Verhalten fürs erste zumindest Gewissensbisse hervor, die sich zu schweren psychosomatischen Störungen entwickeln können. Nicht nur daß die Verhaltensänderung dem Schmerzabbau der Verwundung durch die Scheidung dient oder zumindest dienen sollte, wird diese Ventilfunktion nun von der Gesellschaft geahndet und ruft im Kind abermalige Schuldgefühle hervor. Kinder, deren Reaktionen auf die Scheidung auf diese Weise doppelt rückwirken, können zumindest als autosuggestiv verändert, wenn nicht als fremdsuggestiv (von der strafenden oder repressiven Umwelt nämlich) angesehen werden. Ein Zustand hingegen, der bei „Wahl" einer der Umwelt genehmen Reaktion des Kindes auf seinen Scheidungsfrust mit „als brav" oder „dem hat die Scheidung gar nichts ausgemacht, der ist in der Schule sogar noch besser geworden!" „belohnt" würde, läßt nicht im entferntesten ahnen, daß damit ein im Grunde selbstschädigendes Verhalten verstärkt wird.

Eine Verhaltensänderung (die in ihrem Ursprung aber immer im Scheidungschaos begründet liegt und in ihrer Wirkung so mancher Droge nahekommt, indem sie Probleme zudecken hilft) bürdet demjenigen, der sie demonstriert, aber dennoch enorme psychische Belastung auf. Erst dieser seelische Druck ist es, der die eigentliche zerstörerische Wirkung des Scheidungsfrustes (der immer identisch ist mit Liebes- und Geborgenheitsentzug) auslöst. Wer sich ein Verhalten zulegt, das nonkonform ist und daher für die Gesellschaft „böse" oder zumindest „lästig" bis „abnormal" bedeutet, muß ebenfalls Schuldgefühle überwinden. Die Schuldgefühle, die ihn dabei bedrücken, wirken entweder selbstzerstörerisch oder werden auf die anderen projiziert: Die anderen sind böse und gemein und schließen einen aus.

Der Kampf ums Kind

Scheidung ist in vielen (aber sicherlich nicht in allen) Fällen Flucht. Wenn man selbst nicht mehr zu Rande kommt und eine einvernehmliche Scheidung nicht zustandekommt, läßt man andere (die Gerichte) über sich entscheiden. Das Scheidungsurteil ist dann die Basis fürs weitere Überleben. Lee Salk läßt nicht viel Gutes an Gerichten, wenn er schreibt: „Das Gesetz behandelt Kinder oft wie Gepäckstücke. Ihre Gefühle und Wünsche werden ignoriert, sie laufen Gefahr, zu Geiseln zu werden, wenn etwa ein Elternteil bestrebt ist, bei der Aufteilung des Vermögens finanzielle Vorteile für sich herauszuschinden, und müssen fürchten, zu Werkzeugen degradiert zu werden, wo rachsüchtige Eltern einander eins auswischen wollen." (S. 21) Daher stellt sich das Kind automatisch die Frage, „ob die Liebe des einen Elternteils zu ihm nicht gefährdet ist, wenn es weiterhin seine Liebe auch dem Elternteil zeigt, den der andere nicht mehr liebt, dem gegenüber er sogar Zorn und Rachegefühle empfindet". (S. 35) Und der Kinderpsychologe resümiert: „So erbost und rachedurstig die Eheleute auch sein mögen, sie sollten es vermeiden, vor dem Kind gehässige Bemerkungen über den (ehemaligen) Gefährten zu machen, und seine Integrität nicht antasten." (S. 39)

Der österreichische Familienrichter *Ewald Maurer* und der Rechtsanwalt *Bernd Fritsch* gehen in ihrem Buch „Ehe auf österreichisch" natürlich auch auf die Eltern-Kind-Beziehung ein. So meinen auch sie: „Nichts ist gräßlicher, als wenn sich die Eltern um die Kinder raufen. Jedes Kind liebt von Haus aus beide Elternteile, und es zerreißt dem Kind das Herz, die Eltern streiten zu sehen. Meist werden die Kinder noch in den Streit hineingezogen, und das Ärgste ist wohl, wenn versucht wird, das Kind gegen den Ehepartner aufzuhetzen, um es damit auf seine Seite zu ziehen."

Die Autoren meinen dann auch, daß selbst im Falle schwerster Verfehlungen eines Ehepartners die Mutter-Kind- bzw. die Vater-Kind-Beziehung Vorrang behalten solle. Die Unterdrückung niedriger Rachegefühle sollte jede seelisch noch so verletzte Mutter davon abhalten, dem Kind den Vater zu entfremden und ihn als Unmenschen hinzustellen. Das ist freilich leichter gesagt, geraten, gewünscht als getan. Vielfach reagiert einer der in Scheidung lebenden Elternteile genau umgekehrt: indem er das Kind verstärkt an sich zu binden versucht, um mit seiner Hilfe den eigenen seelischen Frust besser bewältigen zu können. *Das ist Mißbrauch am Kind,* hat aber gerichtlich keine Relevanz.

Nur wenn das Wohl des Kindes gefährdet ist, „kann das Gericht jederzeit die elterlichen Rechte dem bisherigen Erziehungsberechtigten entziehen und dem anderen Elternteil übertragen". Das kommt aber nur äußerst selten vor.

TEIL I:
DIE „LIEBE" FAMILIE

Von der Ehe

Lasset Raum zwischen eurem Beieinandersein
lasset Himmel und Wind tanzen zwischen euch!
Liebet einander, doch macht die Liebe nicht zur Fessel;
schaffet eher daraus ein webendes Meer
zwischen den Ufern euer Seelen.
Füllet einander den Kelch;
doch trinket nicht aus einem Kelche;
gebet einander von eurem Brot,
doch esset nicht vom selben Laibe;
singet und tanzet zusammen,
seid fröhlich,
doch lasset jeden von euch allein sein.
Gebet einander die Herzen,
doch nicht in des andern Verwahr.
Denn nur die Hand des Lebens
vermag eure Herzen zu fassen.
Und steht beieinander,
doch nicht zu nahe beieinander;
auch die Säulen des Tempels stehen einzeln.
Und Eichbaum und Zypresse
wachsen nicht im gegenseitigen Schatten.

Khalil Gibran, islamischer Mystiker

„Seid fruchtbar und mehret euch"
(Gen. 1,28)

WAS DIE FAMILIE IM INNERSTEN ZUSAMMENHÄLT

*Die Familie ist der wichtigste Mittler der Sozialisation;
sie reproduziert im Individuum die kulturellen Muster.*
Christopher Lasch, in: Geborgenheit, S. 19

Der Mensch ist ein kommunizierendes Wesen. Wem die Kommunikation abhanden kommt, der geht zugrunde. Einzelhaft, Dunkelzelle, mit Gefangenen kein Wort zu sprechen (*Stefan Zweig:* Die Schachnovelle), beleidigtes Schweigen, mit einem (dem Ehe„partner"!) kein Wort zu reden, sich anzuöden, dem Kind das Reden zu verbieten („Geh in dein Zimmer und sei still!" – „Kein Wort mehr!"), Liebesentzug durch Kommunikationsende, fernsehen statt zu reden, Video statt Zuwendung, Computer statt Gesprächspartner ... ein Ausschnitt aus den Kommunikationsverbrechen unseres Alltags, dem „ganz normalen Wahnsinn" unserer Zivilisation.

Wer nicht kommuniziert, stirbt! Schweigen ist der Tod der Ehe. So gesehen ist es vollkommen richtig, wenn der Wiener Scheidungsexperte *Helmut Figdor* in der Einleitung zu seinem Buch „Kinder aus geschiedenen Ehen: Zwischen Trauma und Hoffnung" schreibt: „Die berichteten Arbeiten über die Folgen der Scheidung erlauben nicht den Umkehrschluß, daß die betroffenen Kinder diese oder ähnliche gravierenden Symptome *nicht* entwickelt hätten, wären ihre Eltern zusammengeblieben." Und wenig weiter unten meint der Autor: „Möglicherweise werden Scheidungskinder bei einem Vergleich mit Kindern, deren Eltern sich nicht vertragen, in deren Familien es aufgrund dessen immer wieder zu Konflikten kommt, weit weniger abschneiden." Und: „In einigen Fällen besonders Entwicklungsstörungen führt Wallerstein die psychischen Probleme der ... ehemaligen Scheidungskinder sogar in erster Linie auf solche vor der Scheidung der Eltern liegenden Erlebnisse zurück." Das sind natürlich bislang ungehörte Töne und passen so gar nicht in das milieutheoretische Bild vorgeblich moderner Sozial(demokratischer)-Pädagogen, die die ganze breitgefächerte Palette psychotischer Störungen von Scheidungskindern auf die Scheidung von deren Eltern zurückführen. Es ist eine durchaus interessante – freilich nur akademische – Frage, ob es tatsächlich die Scheidung ist, die all das Psychomalheur bei den von ihr Betroffenen auslöst, oder *ob nicht vielmehr das familiäre Grausen davor Geschiedene und deren Kinder zu Seelenkrüppel deformiert hat.*

Man kann daher die Frage stellen, *ob die Scheidung aus pädagogischer Sicht* überhaupt *verantwortbar* ist, und das eher (unterschwellig und aus moralischen Gründen?) verneinen. Andererseits müßte sie bejaht und sogar (provokant?) fast schon als Imperativ für manche Fälle gefordert werden: Wenn nämlich die Scheidung für alle Beteiligten die einzige Lösung ist und als *Schadensbegrenzung wirkt.* Mit dem Hinweis, daß nur etwas begrenzt werden kann, was schon vorhanden ist: der Schaden nämlich.

Merksatz: *Keine Scheidung ohne (schon vorherigen) Schaden. Die Frage freilich: Hat die Scheidung den Schaden begrenzt oder erst sichtbar* gemacht?, kann *experimentell* gar nicht entschieden werden, da es die zur Entscheidungsfällung nötigen Versuche (Experimente) gar nicht geben kann. Warum nicht? Weil jede Scheidung eine einmalige, unwiederholbare Ehe beendet, die nun einmal so und nicht anders abgelaufen ist, und die nicht *theoretisch* anders verlaufen hätte können. Schäden, die an Scheidungskindern auftreten, sind somit Fakten, an denen nicht mehr *herumtheoretisiert* zu werden braucht. Sie aus moralischen – und gesellschaftskritischen – Gründen dem Vorgang der Scheidung alleine zuzuschreiben, ist zumindest kühn und widerspricht überdies allen Sozial- und Kommunikationstheorien.

Kinder als Tarnkappe

Daraus folgt, daß ein guter Teil (die meisten?) der Syndrome, die nach dem elterlichen Auseinandergehen bei nun zu Scheidungskindern Gewordenen auftreten, auch bei Kindern aus aufrechten Ehen in Erscheinung treten können. Die Scheidung selbst ist ja nur ein gesetzlich-formaler Akt, der im Grunde aus einer amtlichen Stampiglie (und im schlechtesten Fall aus viel Honoraren für die Rechtsanwälte) besteht.

Außerdem lebt ohnehin fast ein Drittel der nicht geschiedenen Eheleute in Quasischeidung: Man bleibt nur wegen des Kindes (der Kinder) und/oder des Geldes beisammen. Weitere Gründe fürs Aufrechterhalten der Scheinehe wären: ein gemeinsam erworbener Besitz, steuerliche Vorteile und/oder eine eigene Firma. Von nichtökonomischen Gründen wie Angst vor dem Alleinsein oder Angst vor dem – unversorgten und unbetreuten – Altwerden sei jetzt einmal abgesehen, obwohl diese Überlegungen rein zahlenmäßig auf gar nicht so wenige Fälle zutreffen dürften.

Daß die Sorge um die Kinder an vorderster Stelle für die Gründe des Sich-doch-nicht-scheiden-Lassens stehen, dürfte jedenfalls nur eine Mär sein: Kinder eignen sich vorzüglich als Tarnkappe für handfeste wirtschaftliche Gründe. Es sind wieder einmal die Schwächsten, denen Gewalt angetan wird: bei Scheidungsverweigerung, indem sie als Faustpfand fürs Nicht-scheiden-Lassen herhalten müssen. Sie werden dabei ganz offensichtlich mehr ruiniert als Scheidungskinder, die der Ehehölle ihrer Eltern entronnen sind.

Fazit: Was ist es, daß der moderne Mensch, verheiratet oder nicht, geschieden oder nicht, mit einem Kind gesegnet oder nicht, nicht mehr mit seinesgleichen umgehen kann oder – abgeschwächt formuliert – immer größere Schwierigkeiten hat, mit seinem Nächsten erfolgreich und über einen doch längeren Zeitraum hinweg befriedigend auszukommen und erfolgreich zu kommunizieren?

Eine Theorie bietet sich hier an. Es ist eine Kommunikationstheorie.

Ich erinnere nur: *Ehe ist Kommunikation.*

Scheidung ist deren Ende.

Die Fünfzehnjahrtheorie

Vorweggenommen: Sie wird nur von mir so benannt. In der Literatur wird sie als solche nicht zu finden sein. Ein Freund hat mich gesprächsweise auf sie gebracht, ich habe sie ausgebaut und biete sie zur Diskussion. Über ihre Faktizität möge sich der Leser selbst Gedanken machen.

Das durchschnittliche Lebensalter des Menschen ist erst in den letzten 50 Jahren – und da auch nur in den sogenannten Erste- und den ehemaligen Zweite-Welt-Ländern – so rapid auf so hohe Werte angestiegen: Immerhin hat ein heute Geborener auf der „heilen" Seite unserer Welt die reale Chance, an die 85 bis 90 Jahre alt zu werden. Da im Schnitt heute so im Alter zwischen 25 und 30 Jahren – wenn überhaupt – geheiratet wird, könnte ein solch Langlebiger 50 Jahre an ein und dieselbe Person *gebunden* sein.

Was es bedeutet, ein halbes Jahrhundert auf ein und denselben Menschen ausgerichtet zu sein, kann nur der ermessen, der es erlebt hat. Mit Fug und Recht hat man solche Paare daher immer geadelt – der 50. Jahrestag der Hochzeit gilt als „goldene Hochzeit". Von „diamantener Hochzeit" spricht man nach 60 Ehejahren.

Wahrlich rar so etwas heute.

Im größten Teil unserer Erde sterben auch heute noch die meisten Menschen zwischen 40 und 50 Lebensjahren. Die durchschnittliche Lebenserwartung am Beginn des vorigen Jahrhunderts betrug freilich auch in Österreich nur so um die 40 Lenze. Geheiratet hat man relativ spät zwischen dem 2. und 3. Lebensjahrzehnt. Fünfzehn Jahre später war man – statistisch gesehen – tot. In diesen 15 Ehejahren hatte die Frau an die 15 Kinder geboren. In unseren heutigen Entwicklungsländern tut sie das immer noch.

Wenige Frauen haben das aus- und durchgehalten und sind nicht schon vorher gestorben: nach dem 7., 8., 10. oder 15. Kind, je nach (Roß-)Natur. In den Entwicklungsländern tun sie das noch immer.

Ehen, die 15 Jahre angedauert haben, waren selten. In den Entwicklungsländern sind sie das auch.

Rund 7.000 Jahre lang – solange es eine Stadtkultur gibt – wird also eine durchschnittliche Ehe so zwischen sieben und maximal 15 Jahre angedauert haben. Früher mochte sie noch kürzer geweilt haben – Männer waren Mangelware, die Kriege hatten immer ihre Männer gefordert. Wenn Verhaltensforschung, Biologie und Genetik recht haben mit ihren Theorien des vererbten oder angelegten Verhaltens, dann ist die menschliche Psyche über diese Jahrtausende (oder gar über Jahrhunderttausende?) auch heute noch auf ein Zusammenleben mit einem „Partner" auf *maximal* 15 Jahre programmiert. Das freilich innerhalb einer *Großfamilie,* mit all den stützenden Nebeneffekten eines funktionierenden, mehrbahnigen Kreuzundquerkommunikationsschemas, in dem der eigentliche Geschlechtspartner nur einen Bruchteil einnahm. Und: Er war auch schlicht nicht mehr als bloßer Geschlechtspartner. Liebe war ein Fremdwort, eine Utopie, ein Wunsch, nicht einmal das. Sie war Literaturgut und Sagengehalt, vergöttlicht und als Ideal unerreicht; in Mythen webte sie und im Glauben, später dann in der Kirche – nur nicht im Ehebett.

Vom Sinn der Familie

Dem heutigen Ehemenschen wird demzufolge Gewalt angetan: von der Kirche sanktioniert, vom Staat als Tradition übernommen, von der Moral verlangt, vom Finanzamt gefördert, vom Erbrecht gefordert, von den Sozialdemokraten in Frage gestellt, von den Konservativen wütend verteidigt, von der Jugend schlichtweg nicht mehr praktiziert oder unterlaufen und negiert, von Idealisten immer noch erwünscht: die „ewige Treue," formalisiert als Heirat.

Warum tut sich der heutige Mensch das noch an? Eine ursprünglich durchaus nützliche, ja für den Weiterbestand der Art (Sippschaft) notwendige Einrichtung, hat sich heute als ein Instrument herausgestellt, *das durch* die *geänderten sozialen, ökonomischen und biologischen* Umstände dem Beteiligten etwas abverlangt, das er genetisch oder zumindest aus seinem ererbten Verhalten heraus nur *gegen sein zu seiner Natur gewordenes Programm* verwirklichen kann – es aber muß oder zumindest soll.

Dazu *Michael Lukas Moeller* von der Johann-Wolfgang-Goethe-Universität in Frankfurt, Professor für medizinische Psychologie: „Unsere Form einer sehr intensiven Zweierliebesbeziehung ist mit großer Sicherheit erst entstanden, als kleine Privaträume in der Gesellschaft eingerichtet wurden. Das heißt, sie ist im wesentlichen mit den großen Industriegesellschaften entstanden."

Anneliese Fuchs stellte in ihrem Buch „Ist die Familie noch zu retten" das Für und Wider der Familie gut gegeneinander und analysiert: „Im großen und ganzen wird von den politisch linken Strömungen ein Bild der Familie entwickelt: ... Familie wird als Zwangsinstitution gesehen, die zur Unterdrückung und nicht zur Entfaltung des Individuums führt. Sie ist nicht als absoluter gesellschaftlicher Wert anzusehen, da gerade die Familie viel zum Leid des einzelnen beiträgt." Und weiter: „Die Kontraposition ist jene der politisch rechten Seite, die in der Familie einen absoluten Wert sieht und die Hypothese aufstellt, daß man ohne die Familie gar keine Gesellschaft bauen könne und daß es immer Familien gegeben habe. Daher sei die Familie für das Bestehen einer Gesellschaft unbedingt nötig."

Sozial hat sich die Familie verändert: von der Großfamilie zur Kleinfamilie oder gar zur *Single*-Partnerschaft: Man trifft sich, wenn man Bedürfnis danach hat, und lebt ansonsten in seinen eigenen vier Wänden. Die Kleinfamilie ist nur um einen Deut „konservativer": Man trifft sich am Abend auf kurze Zeit und geht dann in seine eigenen vier Wände, das Kind ins Kinderzimmer, die Eltern ins – wenn es hoch hergeht – gemeinsame Schlafzimmer. Getrennte Schlafzimmer auch für die Eheleute sind der letzte Schrei. Die (Schein-)individualisierung ist so weit „voran"-geschritten, daß man selbst im Federbett zu tun und lassen wünscht, was man *selbst* will: schnarchen, lesen, bei offenem Fenster schlafen, wenn es einem beliebt, und was es der netten Privata noch alles geben mag. Der Ehegespons im Bett nebenan stört dabei, vor allem wenn er andere Schlafgewohnheiten hat: das Fenster lieber geschlossen mag, länger oder gar nicht vor dem Einschlafen zu lesen wünscht und vom Schnarchen des „Geliebten" in seinem Schlaf gestört wird.

Die Mehrzimmerwohnung macht das Ausweichen möglich – und schränkt die Kommunikation auf das Drumherum um den Morgenkaffee und die Pausen zwischen den Fernsehprogrammen ein. Amerikanische Untersuchungen haben ergeben, daß, die „Dauer" der Kommunikation von länger verheirateten Eheleuten auf zwei Minuten täglich sinkt.

Der Sinn von Familie ist da obsolet geworden.

Ökonomisch ist „dank" der Emanzipation der Frau – oder was so landläufig dafür gehalten wird – deren Verheiratung längst keine Unabdingbarkeit mehr. Die Einstellung, daß ein eigener Beruf die Unabhängigkeit vom Ehemann garantiere, ist so weit verbreitet –

und wohl auch richtig –, daß es müßig ist, darüber noch ein Wort zu verlieren. Und ob der Mann angesichts seiner auswärts schaffenden Ehefrau, die ihm – wenn überhaupt noch – dann nur mehr eher widerwillig den Haushalt führt, diese Ehefrau noch unbedingt als „Frau im Haus" braucht, ist ebenfalls eher mit „nein" zu beantworten. Daß er sie dennoch geheiratet hat – und sie ihn –, hängt vielfach von ganz anderen Beweggründen ab, als sie früher für eine Eheschließung maßgeblich waren.

Der Ehe„partner" als Besitz

Waren es früher fast ausschließlich ökonomische Gründe oder schlichtweg traditionelle, sind es heute vorwiegend kraß egoistische: Über die Schimäre der vorgeblichen Liebe (sie entlarvt sich in den meisten Fällen sehr bald als rein sexuelle Begierde) und den anerzogenen „Individualismus" ist der Ehewillige gewohnt, das zu *kriegen,* was er sich wünscht. Und da man den Ehe„partner" *noch nicht offen* kaufen kann, muß man ihn heiraten. Heirat gilt, so absurd es auch klingen mag angesichts der faszinierenden Scheidungszahl, noch immer als „Garant" fürs Haben des Ehepartners. Hat man ihn geheiratet, besitzt man ihn – und wenn es hoch hergeht, „besitzt" man sich gegenseitig. Dieses Besitzen ist durchaus denkkonform mit unserer kapitalistischen Denkweise, in und mit der wir groß geworden sind. Was wir uns leisten können, eignen wir uns an und verteidigen es als unser Eigentum.

Dazu abermals Michael Lukas Moeller: „Für mich ist im Augenblick der wesentliche Gesichtspunkt der, daß keine Liebe bestehenbleibt, wenn sie bewußt oder unbewußt verknüpft wird mit einem Besitzanspruch. Und leider sind die Beziehungsformen, die wir heute gleichsam als üblich vorfinden oder gar im Sinne der Ehe institutionalisiert haben, von Anfang an dazu geignet, dieses wechselseitige Besitzstreben in Gang zu halten und sogar zu verstärken. Dann käme nun die Frage auf, woher es denn kommt, daß dieser meist unbemerkte Anspruch: ‚Du gehörst mir und keinem anderen Menschen!', sich in uns so starkmacht."

Der Ehe„partner" als Eigentum

Eigentum wird immer verteidigt; Eigentum wird auch bewacht; Eigentum wird gerne umzäunt; Eigentum wird markiert (punziert; mit einer Erkennungsmarke versehen); Eigentum, wenn es nicht zu halten ist, wird vernichtet („Politik der verbrannten Erde"; „Bevor dich ein anderer [eine andere] kriegt, bring' ich dich um!"). Eigentum ist also immer eine Sache. Ein Mensch kann daher *niemals Eigentum sein!* In den meisten Fällen wird er aber als solches betrachtet. Vor allem im Stadium der Eifersucht – und in der Folge im Stadium der Scheidung, wo die Sache, die man hergeben *muß*, so sehr abgewertet wird, *sosehr* es nur geht. Wenn man den Ehe„partner" (eine *Sache*) schon hergeben muß, dann soll er keinen Wert mehr haben. Das kann sich darin „erschöpfen", ihn als den „letzten Menschen" hinzustellen: Viele eifersüchtige und ergo gekränkte Scheidungseinreicher lassen den Scheidungsgegner auf seinen Geisteszustand untersuchen; dieser mag auch durchaus getrübt sein, sonst käme es ja nicht zu einem solchen mörderischen Scheidungskampf! Das kann aber auch darin gipfeln, ihn wirtschaftlich oder gar physisch ruinieren zu wollen: indem das ganze Geld verprozessiert wird, das gemeinsame Haus oder die Wohnung verkauft oder versteigert wird und/oder der ehemalige „Partner" bei seinem Dienstgeber angeschwärzt wird und/oder durch einen Gang in die Presse öffentlich hingerichtet wird (Rufmord).

Alles ist möglich – nicht nur bei 6 aus 45. Dazu Moeller: „Es ist ungeheuer, welcher stille Haß sich über Jahre in einem Paar ansammelt. Er gipfelt im Paar-Rassismus. Ich beginne die Welt des anderen zu verachten, die mir mit ihren ständigen Übergriffen so lästig wurde und doch auch so fremd blieb. Jeder Rassismus sorgt schließlich für die Auslöschung des anderen."

So viel Haß kann es gar nicht geben, als daß eine gekränkte Ehefrau nicht noch mehr davon gebrauchen könnte.

Kinder als Waffen

Kinder, die solchen „Beziehungen" entsprießen, werden ebenfalls nur als bloßes Eigentum betrachtet. Im patriarchalischen Denken sind sie Eigentum des Mannes, im feministischen Weltbild sind sie

Eigentum der Frau (auch: „Recht auf den eigenen Bauch"). Beide Denken müssen kollidieren – und sie tun es auch.

In vielen – den meisten? – Fällen ist dieses Kind Waffe gegen den Scheidungsgegner: meistens Waffe der Mutter gegen den Kindesvater. Das als Waffe mißbrauchte Kind bleibt auf der Strecke – nach „Gebrauch" im Zuge des Scheidungsverfahrens ist seine „Schneide" allerdings stumpf geworden. Als Waffe ist es wertlos geworden, sie hängt dem Elternteil, der sich damit das Sorgerecht oft blutig erkämpft hat, als Mühlstein an; als Mensch ist es ruiniert und psychisch vergewaltigt.

Dabei ist das Wie der Vergabe des Sorgerechtes keineswegs psychologisch einwandfrei zu entscheiden. Wenn auch in Österreich das Kind (die Kinder) fast immer der Mutter zugesprochen wird (werden) und eine Privatinitiative seit Jahren einen vergeblichen Kampf um das Sorgerecht für beide Elternteile führt, ist es wissenschaftlich gar nicht so sicher, ob dem Kind damit geholfen ist. Denn die kalifornische Psychologin *Judith Wallerstein* hat aufgrund einer Studie herausgefunden, daß das gemeinsame Sorgerecht „keinen Einfluß auf die emotionale Gesundheit der Kinder (hat) und auch nicht darauf, wie die Eltern selbst die Scheidungsfolgen bewältigen". Die Studie ergab: „Kinder, die von beiden Eltern gleichermaßen versorgt wurden, unterscheiden sich im psychischen Wohlbefinden nicht von anderen Kindern. In einer weiteren Studie stellte sich sogar heraus, daß das gemeinsame Sorgerecht für manche Kinder schädlicher sein kann als die alleinige Sorge ..." Wallerstein erklärt das damit, daß die Mädchen die Mutter nicht mehr als Verbündete, als Beschützende erleben, und sich selbst, weil sie mit dem ‚Rivalen' Kontakt haben, als Verräterin fühlen. Verständlich, daß Väterorganisationen, die seit Jahren um das gemeinsame Sorgerecht kämpfen, von den Ergebnissen der berühmten Psychologin enttäuscht sind. Aber selbst die Autorin ist über ihre Ergebnisse nicht glücklich: Auch sie hatte vor der Studie im gemeinsamen Sorgerecht eine bessere Lösung gesehen als in der judizierten Praxis, vorzüglich die Mutter damit auszustatten.

Einschlägige Untersuchungen haben gezeigt, daß das Aufwachen der Scheidungssieger nach errungenem Sorgerecht oft dem eines Katzenjammers gleicht. Nach dem Rausch des Sieges folgt die Ernüchterung: die Waffe Kind, abgestumpft im Hauen und Stechen gegen den Scheidungsfeind, ist schwerstens lädiert und macht mehr Sorgen als Freuden, agiert verhaltensgestört und haßt in vielen Fällen den Scheidungssieger – also jenen Elternteil, dem es zugesprochen worden ist – abgrundtief. Da es dem ohnehin schon blessierten Kind aber nicht zumutbar ist, seinen Haß gegen die – in den meisten Fällen – Mutter auszuleben (weil *man* die Mutter nicht haßt; es handelt sich dabei um eines der am tiefsten verankerten Gebote des Überichs!), richtet sich dieser verbotene Haß entweder gegen das Kind selbst oder gegen andere Schwache.

Der Faschist im Scheidungskind.

Viele Elternteile setzen schon bei aufrechter Ehe – wenn diese im argen liegt – ihr Kind (ihre Kinder) als Waffe gegen den Ehegespons ein: „Wen hast du lieber? Den Papa oder die Mama?" – „Laß den Papa in Ruhe, der versteht dich eh nicht." – „Du brauchst gar nicht zum Papa zu gehen, der hat eh keine Zeit für dich" – und ähnliches mehr. Erfolgt dies konsequent gegen den „Feind im Ehebett", bedarf es in den meisten Ehen gar nicht der Scheidung, um ein Kind zu einer kaputten Sache zu denaturieren.

Warum Ehe?

Es bleiben uns noch die – bezogen auf die heutige Zeit – geänderten *biologischen* Umstände der Eheschließung zu beleuchten. Die einschlägigen Argumente setzen direkt an die weiter oben gegebene Einsicht in die *genetische* Programmierung an: Die moderne Medizin, die exzessiven Sicherheitsvorschriften in unserem Teil der Welt haben es nun mal mit sich gebracht, daß wir, wie schon angeführt, bis an die neunzig Jahre alt werden können. Da sich der Trend zu möglichst früher Heirat in den letzten zwanzig Jahren wieder umgekehrt hat, käme trotzdem der durchschnittlich Verheiratete gut auf eine 45- bis 50jährige Ehezeit – ließe er sich nicht vorher scheiden. Warum dies jeder zweite verheiratete Österreicher tut, läßt sich – unter anderem – eben mit der Fünfzehnjahrtheorie erklären: In seinem Paarungs- und Partnerverhalten genetisch programmiert, „hält" man seinen Ehepartner im Schnitt längstens 15 Jahren aus, dann „kann" man nicht mehr. Wer dennoch länger verheiratet bleibt, liebt entweder seinen Ehepartner tatsächlich – eine Rarität – oder zieht ein Leben in öder Ehe einem Leben in – von vielen mehr gefürchtetem – ödem Alleinsein vor.

Was spricht also noch für eine Ehe?

Untersuchungen zeigen, daß in den Ländern der sogenannten postindustriellen Gesellschaftsordnung die Zahl derer, die ein Leben ohne Ehepartner einem solchen bürgerlich geregelter Zweierbeziehung vorziehen, die Zahl der sogenannten *Singles*, steigt. Andere Untersuchungen weisen nach, daß die Zahl der Scheidungen in Bereichen engen gesellschaftlichen Zusammenlebens – in den sogenannten *Ballungsräumen* – rapid, im ländlichen Raum signifikant steigt. International ist der Trend ablesbar, daß sowohl in den Industrieländern die Geburtenrate – genauer: die *Fertilitätsrate*, also die Zahl der Geburten pro Frau – sinkt: Sie hat Werte unter zwei erreicht. Der Trend in diese Richtung ist auch innerhalb des weißen Bevölkerungsanteils Südafrikas, in Australien, Neuseeland, Japan und Taiwan ablesbar. Nichtkatholische, euro-amerikanische Gesellschaftsgruppen sind in dieser Entwicklung Vorreiter. Österreich als ehemals erzkatholisches und erzkonservatives Land macht da mit. Es ist bei der Entwicklung *Weg-von-der-Familie* und *Weg-vom-Kind* vorne weg – mit Ausnahme seiner Immigranten aus anderen Kulturen.

Hamlet heute

„Es ist etwas faul im Staate Dänemark", läßt *Shakespeare* seinen Hamlet klagen und hat damit die verallgemeinernde Kulturklage der postindustrialisierten Welt sinngemäß, aber wortidentisch vorweggenommen. Aber was ist faul in unseren Ländern oder Gesellschaften?

Die Soziologie und Philosophie gibt uns einige brauchbare Hinweise: Das gesellschaftliche Verhalten des Menschen ist von seiner wirtschaftlichen Situation abhängig, seine Bedürfnisse sind Spiegelbilder seiner Ökonomie. *Karl Marx* wußte schon zu berichten, daß es das *gesellschaftliche Leben*, insbesonders die *ökonomischen, sozialen und politischen Bedingungen,* unter denen die Menschen aufwachsen und leben, sind, die ihr *Bewußtsein*, ihr Denken bestimmen: „Die Gesamtheit dieser Produktionsverhältnisse bildet die ökonomische Struktur der Gesellschaft, die reale Basis, worauf sich ein juristischer und politischer Überbau erhebt und welcher bestimmte gesellschaftliche Bewußtseinsformen entsprechen. Die Produktionsweise des materiellen Lebens bedingt den sozialen, politischen und geistigen Lebensprozeß überhaupt. Es ist nicht das Bewußtsein der Menschen, das ihr Sein, sondern umgekehrt, ihr gesellschaftliches Sein, das ihr Bewußtsein bestimmt." (aus: „Zur Kritik der politischen Ökonomie" in: Marx/Engels, Werke, Bd. 13)

Auch ihr Zusammenleben und ihr Zeugungs- respektive Gebärverhalten. Man muß kein Anhänger der marxistischen Lehre (des *historischen Materialismus*) sein, um die Richtigkeit dieser Feststellung annehmen zu können. Durchaus auch nichtmarxistische Soziologen und wache Beobachter der sozialen Entwicklung zumindest in Europa im vorigen Jahrhundert (außer im Mediterranraum) werden nicht leugnen können, daß sich die Familienstruktur seit der Zwischenkriegszeit – und in Ansätzen schon vorher – dramatisch geändert hat. Mit dem Aufbrechen der groben Dreiteilung der Gesellschaft in Adelige, Bürger und Bauern (der Kinderauszählreim „Kaiser, König, Edelmann, Bürger, Bauer, Bettelsmann" weiß davon zu berichten) in eine, in der das „Proletariat" einen großen (den größten?) Anteil in einer Sozietät einnimmt, ist die „heilige Ordnung" der Sozialhierarchie in Frage gestellt worden.

Daß auch das Patriarchat im letzten halben Jahrhundert ins Wanken geraten ist, ist nur eine logische Fortsetzung dieses Qualitätssprunges, der eine jahrtausendealte Entwicklung beendet hat: Die vom Vater (den Vätern) dominierte (Groß-)Familie gilt nicht mehr als Entsprechung der himmlischen hierarchischen Ordnung auf Erden (wie es etwa *Kon-fu-tse* gesehen hat*)*. Vielmehr wird sie als eine in vielerlei Hinsicht entbehrenswerte, ja oftmals sogar den individuellen Wünschen des Subjektes eher hinderliche, entgegenstehende Art und Weise des Zusammenlebens empfunden, die sich überlebt hat. In heutiger Zeit wird dies mehrheitlich sogar schon von der Kleinfamilie ausgesagt, und in den meisten Großstädten leben mehr Erwachsene in einem Einpersonenhaushalt *(„Single")* als in einem Mehrpersonenhaushalt *(„Familie")*.

Family is out, Single is in.

Weniger Kinder

Die Kids haben das Nachsehen. Sie sind ins geänderte Denken noch nicht integriert worden. Ihre Integration in die neue Lebensweise sperrt sich, Kinder passen nicht ins mutierte Bewußtsein vom Zusammenleben und werden aus Mangel an „Anpaßbarkeit" auch zunehmend restriktiver „angeschafft". Dann lieber kein Kind, oder: Kind ja, Mann nein. Die alleinverdienende und ergo auch alleinversorgende und alleinerziehende Mutter ist heute keine Seltenheit, das *uneheliche Kind* keine Schande mehr.

In vielen Ländern gibt es daher heute mehr Abtreibungen als Geburten. Was Pille und andere Verhütungsmittel in der sogenannten „entwickelten Welt" an Nachkommen verhindern, kann ergo dessen nur vage geschätzt werden: Heute wird nur mehr etwa ein Zehntel jener potentiellen Kinderzahl zur Welt gebracht, die sich als Folge klassischen Liebeslebens ohne Verhütung und – meist legalisierter – Abtreibung einstellen würden. Das mehr oder weniger sorgfältige Handhaben der empfängnisverhütenden Mittel ist in eine geänderte Einstellung zum Kinderkriegen eingebettet, die eine direkte Folge der veränderten ökonomischen Bedingungen der (post)industriellen Gesellschaft geworden ist.

Und das geht so: In landwirtschaftlicher Produktion verwurzelte Ökonomien bedürfen der intakten Großfamilie, der patriarchalischen oder matriarchalischen Gesellschaftsstruktur, vieler helfender Hände und somit einer möglichst großen Kinderzahl. Die Kinderschar hilft auf dem Felde mit, verdingt sich als Erwachsene mehrheitlich als Knechte und Mägde, gründet als solche aber *keine* Familie und pflanzt sich ergo auch nicht fort. Der Älteste erbt, die Älteste wird verheiratet. Das Anerbenrecht hat sich dabei als besitzbewahrend, die Realteilung als besitzzertrümmernd erwiesen.

Ansonsten war die Kindersterblichkeit relativ hoch und sorgte über die natürliche Auslese für ein ökonomisch handhabbares Gleichbleiben der Bevölkerung bzw. sorgte für einen pommalen, aber wirtschaftlich verkraftbaren, sachten Anstieg der Menschenzahl. „Gott gibt und Gott nimmt", lautete der schicksalsergebene Kommentar zur relativ hohen Kindersterblichkeit, und in katholischen Entwicklungs- oder Schwellenländern gelten verstorbene Kinder noch immer als überaus wirksame Fürbitter im Himmel.

Die Großfamilie hatte ihre ökonomische, soziale und biologische Berechtigung: Sie war der kleinste Wirtschaftskern, in dem Kinder gebraucht und in dem sie auch, so gut es eben ging, geschützt und eingebunden ins traditionelle Denken aufwuchsen.

Es wird kein Honiglecken gewesen sein, als zehntes (auch drittes oder elftes) von zwölf Kindern in einer Keusche sein Auskommen gefunden zu haben. Aber man wußte zumindest, wohin man gehörte und hatte moralischen und familiären Halt – wird jedenfalls berichtet. Daß es funktioniert(e), ist in den Entwicklungsländern noch beobachtbar.

„War früher die Familie gleichzeitig Lebensraum und Produktionsstätte, so wurden im Laufe der letzten 200 Jahre in immer größerem Maße eigene Werkstätten, die außerhalb des familiären Bereichs liegen, errichtet. Es entstanden Produktions- und Industriezentren, die Arbeit wurde außer Haus angeboten." (Anneliese Fuchs, S. 32)

Als die in Europa frisch entstandenen Industrien Arbeitskräfte benötigten, und die Medizin das allzufrühe Sterben der kleinen Erdenbürger zu erschweren begann, strömten die jungen land-, hab- und erblosen Bauernsöhne und -töchter (die sich noch früher als Knechte und Mägde verdingt hätten) in die Städte und bildeten dort den Grundstock fürs „Lumpenproletariat", zwecks dessen zukünftiger Besserstellung Karl Marx sein „Kapital" schrieb. Die in die (Vor-)Städte geströmten Arbeitermassen zeugten und gebaren freilich fürs erste weiterhin, wie sie es von ihren Eltern gelernt hatten: jedes Jahr ein Kind. Verhütungsmittel gab es keine, außerdem sorgte die Religion dafür, daß Gott auf seine von ihm wohl gewünschte Seelenanzahl kam.

Einen Rationalgrund für so viele Kinder in jeweils einer Zimmer-Küche-Wohnung gab und gibt es keinen. Die Soziologen beobachten in den armen Ländern auch weiterhin solch ungebrochenes Zeugungs- und Gebärverhalten trotz veränderter ökonomischer Situation und stehen achselzuckend und kopfschüttelnd daneben. Sie haben herausgefunden, daß es im Schnitt zwei Generationen braucht, bis sich der Mensch den geänderten ökonomischen Bedin-

gungen in seinem Fortpflanzungsverhalten und mit seiner Familienstruktur anpaßt.
Der Mensch, ein vernunftbegabtes Wesen?
Die noch immer andauernde Bevölkerungsexplosion in den sogenannten Entwicklungsländern läßt sich auf diese „Spätzündung" zurückführen. Verstärkt wird sie in den katholischen Ländern durch die einschlägigen Enzykliken des Heiligen Stuhls, auch „Pillenbann" des Papstes genannt. Benedikt XVI. dreht an dieser (Daumen-) Schraube weiter.
So weit, so schlecht.

Vom Streiten

Im euro-amerikanischen Kulturkreis folgte in zweiter Generation nach der erfolgreichen Industrialisierung und dem massenhaften Zuzug in die Städte (Wien zählte 1900 über 2 Millionen Einwohner; heute sind es knapp über 1,8 Millionen) also die Kleinfamilie. Darunter wird allgemein eine Familienstruktur verstanden, in der die Eltern der Vermählten *nicht* mehr mit dem jungen Paar unter einem Dach leben. Die Kleinfamilie ist eine Zwei- und nicht mehr Drei- oder gar Viergenerationenfamilie (*Gustav Schwab*: „Urahne, Großmutter, Mutter und Kind, in dumpfer Stube beisammen sind ..."). In der Großfamilie haben also nicht nur zahlenmäßig mehr Individuen miteinander kommuniziert, sondern auch mehrere Generationen.

In der Kleinfamilie reden bestenfalls zwei Generationen miteinander.

Wenn sie es nicht überhaupt verlernt haben. Womit wir beim Thema wären.

Die Großfamilie hatte der Kleinfamilie gegenüber mindestens drei Vorteile: Es wurde mehr miteinander geredet; es wurde mehr miteinander gestritten; die Zerstrittenen hatten aber mehr andere, mit denen sie weiterhin kommunizieren konnten. Fazit: Kommuniziert wurde immer.

Der Mensch, das gesellschaftliche Wesen (*Aristoteles: Zoon politikon*) verkümmert ohne Kommunikation.

In einer Großfamilie wird *immer* kommuniziert, ein Ansprechpartner findet sich immer. Der Spruch: „Wenn sich zwei streiten, freut sich der Dritte", mag auf diese immer funktionierende Kommunikationsstruktur zurückgeführt werden können. Wobei ein konstruktiver Streit durchaus als Kommunikation anzusehen ist und dem Zusammen zweier (der Streitenden) oder mehrerer (den Beobachtenden und/oder damit auch Beteiligten) förderlich sein kann, wenn der Streit als Mittel zur *Differenzenbeilegung* gesehen wird, nicht aber als Beginn oder Ende einer Differenz fungiert.

Heute ist die Kunst des Streitens abhanden gekommen und der Streit mehrheitlich der Anfang vom Ende. Warum? Weil im Streiten keine Übung mehr besteht, und keine Schlichtenden, wie in der Großfamilie, zeitgerecht zur Hand sind.

Kommunikationsprobleme gab es also auch in der Großfamilie, aber sie waren weit leichter lösbar. Daß man „ewig"-lange miteinander nicht gesprochen hätte, war quasi unmöglich. Ein (mehrere) Vermittler war(en) sozusagen beständig zur Hand oder zugegen.

Als zusätzliches Element der großfamiliären Kommunikationsstruktur wirkte auch die Aufsplittung der Reibungsflächen auf viele (mehrere). Wer mit vielen kommuniziert (kommunizieren muß!), verteilt seine Kommunikationsenergie mehr oder weniger gleichmäßig. Das führt einerseits zu geringerer (Herzens-)Bindung, andererseits aber auch zu verminderter Friktion mit dem einzelnen. Wer streiten will oder muß und sich ein Objekt für seine Aggression sucht (Ventilfunktion), kann das in einer Großfamilie viel leichter und harmloser; die Streitwucht verteilt sich gleichmäßiger und trifft nicht unvermittelt nur den einen. Die Bindung dieser Menschen war eher lose. Eine so tiefe Kind-Eltern-Beziehung, wie wir sie heute anstreben, war durch die Fülle der Arbeit, die angefallen ist, gar nicht möglich.

In der Kleinfamilie trifft es den Ehepartner.

Oder als Ersatzobjekt (weil das schwächste Glied) das Kind.

In Großfamilien mögen durchaus Tyrannen ein Terrorregime geführt haben *(Ganghofer:* Der Meineidbauer), geteiltes Leid war aber in solchen Fällen immer nur „halbes" Leid. Die Problematik der Problemlösungsmechanismen in der Großfamilie wird von Fuchs wie folgt analysiert: „Der Vater z. B. löste seine Probleme durch autoritäres Durchziehen seiner Ansichten ... Die Mutter konnte sich dies aufgrund ihrer Rolle oft gar nicht leisten und zog den indirekten

Weg vor ... Sie wählte zur Lösung ihrer Probleme also nicht den offenen Kampf, sondern Raffinesse ... Die Großmutter hingegen konnte ... Intrige für sich gewählt haben. Ein anderes Familienmitglied vielleicht die offene Konfrontation und sachliche Aufarbeitung des Problems."

Privatsphäre im Gemeindebau?

Die geprügelte Halbemanzipierte von heute trifft das Eheleid ihres besoffenen Ehegespons voll und, wenn sie Pech hat, mitten ins Gesicht. Das Kind – so es mit viel „Feingefühl" dabei zusehen darf – hat niemanden, dem es seinen Schock anvertrauen und zu dem es sich flüchten kann. Nachbarn hören dabei prinzipiell weg. Man will keine Scherereien, schon gar nicht mit Ehefrauen prügelnden Männern. Kindergeschrei ist überdies durch einen energischen Dreh am TV-Knopf zu übertönen.

Der Gemeindebau: die totale Un-Kommunikation.

In der Großfamilie gab es keine Privatsphäre. Aber das Kind erlebte im Großsystem eine ganze Reihe von Konflikten und auch deren mehr oder weniger gute Lösungen und konnte je nach Anlage und nach persönlicher Bevorzugung unter einer Vielzahl von Problemlösemechanismen unbewußt auswählen.

In der Gemeindebauwohnung gibt es diese nicht. Man lebt dafür mit Fremden (den Nachbarn von rechts, links, oben und unten) mit. Der von außen herangetragene Ärger (zum Beispiel Bohrgeräusche am Sonntagvormittag) wird nach innen (zum Ehegespons und/oder zum Kind hin) abgebaut: die sonntagvormittägige Mißlaune ist vorprogrammiert.

Wer hat eigentlich die Großfamilie all die Jahrzehnte so sehr verunglimpft? Wer hat die Privatsphäre des einzelnen in all den Jahren bisher so hochstilisiert? Wer hat überhaupt Privatsphäre? Wo ist sie denn? *Was* vor allem ist das überhaupt?

Privatsphäre ist eine Erfindung unserer Tage und eine Schimäre: Setzt sie doch voraus, daß ein einzelner auch ein Privater ist. „Privat" nämlich heißt (Großes Universal Volks Lexikon): *persönlich; häuslich; familiär; vertraulich; nicht öffentlich; außeramtlich.* Die letzten beiden Bedeutungen von privat benötigen wir für unsere

Untersuchung nicht, die ersten vier sehr wohl, liegt doch in ihnen der Schlüssel zu einer funktionierenden Ehe und somit zur gedeihlichen und ungestörten Entwicklung des Kindes oder der Kinder einer Familie.

Merksatz eins vorneweg: Zwei Persönlichkeiten lassen sich nicht scheiden; es kommt gar nicht so weit.

Merksatz zwei: Zwei Persönlichkeiten ruinieren ihre Kinder nicht; sie lieben sie und sind ihnen hervorragende Eltern.

Merksatz drei: Es gibt kaum zwei Persönlichkeiten in einer Ehe. Dieser fatale Schluß ergibt sich aus der Statistik.

Merksatz vier: Es ist schon ein Glück, wenn einer in einer Beziehung eine Persönlichkeit ist. Dies ist eine Folge unserer produktions- und konsumorientierten Gesellschaftsordnung mit ihrer *Entfremdung* des Menschen nicht nur von seiner Arbeit, sondern auch von sich selbst (*Marx;* aber auch *Hegel*).

Das Rätsel Persönlichkeit

Das Lexikon zum Stichwort „Persönlichkeit": *der einzelne Mensch, insoferne er seine Anlagen als Person zu besonderer Entfaltung und Ausprägung in Form individueller Eigenart, charakterlicher Originalität und sittlicher Festigkeit gebracht hat.* Wie viele heutige Menschen entsprechen diesem Kriterium?

Fürs Definieren der Eigenschaft *häuslich,* um ans Private heranzukommen, brauchen wir kein Lexikon. Aber *häuslich* im Gemeindebau? In der Mietswohnung? Mit dem lärmenden Nachbarn nebenan und dem streitsüchtigen Ehepartner mittendrin? Mit dem greinenden Kind (warum greint es wohl?) am Rockschoß oder an der Hosenfalte?

Die Bestimmung *familiär* fürs Private ist angesichts unserer Ausführungen über das Wesen der zur Kleinfamilie geschrumpften Gemeinschaftszelle und der zunehmenden Zahl an Singles wohl nur mehr als skurril oder bestenfalls als sarkastisch zu werten. Der Ausdruck scheint heute obsolet geworden zu sein; es gibt in den heutigen Städten schon mehr Singles als Familien.

Bleibt uns als letzte Bestimmung von „privat" laut Lexikon *vertraulich.* Hier könnten wir fündig werden: Wer hätte nicht gerne ei-

ne Person, der er sich ganz und gar anvertrauen könnte, der er also vertraut? Ein vertrauliches Gespräch, wir zwei ganz alleine, niemand stört uns, niemanden anderen geht es etwas an – der Wunsch nach wahrer Liebe wird lebendig. Denn Liebe ist ja Vertrauen, und Liebe ist der Inbegriff des Privaten. Sie bedarf aber auch *zweier Persönlichkeiten,* eines Ortes der *Sicherheit* (eines Heimes) und einer *Familie.*
  Womit sich der Kreis schließt.
  Kinder können nur in einem solchen Umfeld gedeihen.
  Verantwortliche Singles haben keine Kinder zu haben; haben sie dennoch welche, wachsen diese unweigerlich in einem unbefriedigenden Umfeld auf und erleiden Störungen.
  Aber auch Eheleute, die den oben genannten Anforderungen nicht entsprechen, haben besser keine Kinder; haben sie dennoch welche, kann man mit Fug und Recht erwarten, daß diese Kinder massive Psychostörungen aufweisen werden.
  Kennen Sie solche Eltern?
  Wer sagt da immer, nur Scheidungskinder litten?

Kommunikation ist alles

In der Kleinfamilie wird nur mit dem Ehepartner und fallweise mit dem Kinde (den Kindern) kommuniziert. Leute, die sich schon (lange; längere Zeit) kennen, haben sich selten viel zu sagen: was auch noch? Was oder wen ich kenne, brauche ich nicht zu be-reden, und letzteres gleich im doppelten Sinn: dem Partner etwas erzählen und „auf ihn einreden"! Wer sich nichts zu sagen hat, schweigt sich an, sucht sich Ersatzansprechpartner oder läßt sich was erzählen: Anschweigen hat Tradition, Ersatzansprechpartner gab es früher im (Dorf-)Wirtshaus oder Beisel, der klassische moderne „Erzähler" ist der Fernsehapparat – heute verkabelt und über Satellitenantenne zu -zig Berieselungskanälen aufgeblasen.
  Die heutige Klein- ist eine elektronische Großfamilie. So schließt sich – abermals – der Kreis. Draußen bleiben die Kinder. Sie tun zwar mit beim Kanalhüpfen, aber Kinder sind nicht als Zuhörer geboren. Kinder sind aktive, wißbegierige, liebestrunkene, zuwendungsdurstige, ichbezogene, aufmerksamkeitsheischende Indivi-

duen, die das elektronische Abgefüttertwerden zwar erlernen, dabei aber geistig veröden.

Daß sich die vielen in der Großfamilie nichts zu sagen hätten, ist ein schwer vorstellbarer Zustand. Je mehr Personen eine Familie, also eine Kommunikationsstruktur bilden, desto weniger kann (muß?) auf den einzelnen eingegangen werden, desto *geheimnisvoller* (auch: *unheimlicher)* muß der einzelne den anderen bleiben. Die ganze „Persönlichkeit" eines einzelnen (Ehe-)Partners auszuloten, mag bei der vorhandenen Seichte heutiger Durchschnitts-„Persönlichkeiten" dagegen relativ rasch möglich sein.

Die Scheidung nach einem oder eineinhalb Ehejahr(en) steht stellvertretend für solche Kommunikationserschöpfungen. Das – in solchen Ehen leider oft schon geborene – Kind verschärft die Kommunikationskrise noch mehr: Anstatt sich gegenseitig auszuloten, geht man sich gegenseitig auf die Nerven; nicht zuletzt auch wegen des Stresses, den einem das zu früh geborene und meistens nicht eingeplante Kind antut. Bevor die Kommunikation noch so richtig angelaufen ist, ist sie auch schon wieder perdu. Der Ruf nach Trennung wird laut: Man hat sich nichts mehr zu sagen, oder besser, man *will* sich nichts mehr sagen.

Dazu wieder Moeller: „Ohne daß wir es merken, setzen wir also einfach voraus, daß wir wüßten, was der andere fühlt, denkt, meint, tut. Ich nenne das heute die Kolonisierung des Partners. Es handelt sich um den Versuch, den anderen ins eigene Weltbild sozusagen als Provinz einzugemeinden. Wenn er das nicht will, ist er lieblos. Kein Wunder, daß auch sexuelle Störungen die Folge sind. Fast jeder Krach in der Beziehung ist meist nichts weiter als der Kampf, wer wen kolonisiert. Dieser Krieg hat kein Ende in sich."

In der Großfamilie kann es gar nicht dazu kommen, daß man sich nichts mehr zu sagen hätte: Wer den anderen nicht so genau kennt, wird immer wieder *Geheimnisvolles (Unheimliches)* an ihm ausmachen. Fällt es Ewachsenen schon schwer, sich diesem Reiz des Unheimlichen zu entziehen, und ist eine – meist natürlich ambivalente, also eine zwischen Gegensätzen hin- und herpendelnde – Beziehung die Folge, ist ein Kind von einer solchen für es unauslotbaren Person nachgerade fasziniert. Sie gibt einen schier unerschöpflichen Quell für seine – später lebensnotwendige – Phantasie ab.

Man vergleiche den kommunikativen Überfluß des Großfamilienkindes mit den spärlich dahintröpfelnden Informationen, die das Kind aus dem spät heimkehrenden, müden aber fernsehsüchtigen Vater herausquetscht; oder aus seiner überarbeiteten, unter Doppel- oder Dreifachbelastung stehenden Mutter.

Denn Geschwister hat es ja – statistisch – eher keines. Ein Gutteil der Kinder lebt also geschwisterlos. Als Einzelkind kommuniziert es sich aber nun mal nur schlecht: vor allem in einer Familie, in der ein Elternteil oder gar beide Eltern aus beruflichen Gründen außer Haus sind und eine überlastete – weil meist mit zwei Haushalten „gesegnete" – Oma das Kind „sittet".

Zuwendung?

Kinderkrippen, Kindergärten, Vorschulen und Ganztagsschulen sind die Ersätze, die der moderne postindustrielle Staat seinem Bürger, dem er das „Arbeitsleid" durch gewerkschaftlich verbriefte (Mindest-)Entlohnung abgegolten hat, anbietet. Dennoch gibt es heute kaum jemanden, der sich nach der Großfamilie zurücksehnte.

Woher rührt dieser unser Horror?
Was vor allem hat dies mit Scheidungskindern zu tun?
Alles oder nichts?
Alles!
Scheidung ist immer ein Kommunikationsproblem.

„Es gibt nichts, was die Geschlechter miteinander haben"
(nach: Elfriede Jelinek)

SCHEIDUNG IST IMMER EIN KOMMUNIKATIONSPROBLEM

*Es beginnt damit,
daß man sich erst einmal entschließen muß zu lieben.*
Michael Lukas Moeller

Die Wirtschaftsideologie des realen Sozialismus hatte den Osten ruiniert; die Geschlechterideologie des reale Sozialismus war auf dem besten Wege, auch dem Westen den Garaus zu machen. Der K(r)ampf ums gleiche Recht für beide Geschlechter treibt bis heute in so manchen „fortschrittlichen" Staaten des Westens absonderliche Blüten: „Gleichberechtigung" um jeden Preis.

Die Gehirne der 68er-Generation sind durchgewalkt und lupenrein gewaschen: Mann und Frau denken und empfinden gleich, sie sprechen die gleiche Sprache und sehen die Welt mit gleichen Augen. Der „Mutterinstinkt" ist eine böswillige Erfindung der „Rechten", einen „Vaterinstinkt" gäbe es doch auch nicht. Und wenn die Männer nicht bereit sind, von ihrer Rolle abzurücken und ihre Privilegien abzubauen, müssen sich beides die Frauen eben holen und erkämpfen: Emanzipation heißt das Schlagwort.

Die Männer wehrten sich, ein Provokateur schrieb gar ein Anti-Emanzen-Buch: „Mann bist du gut". Die „Wienerin" interviewte seinerzeit den Autor, Professor *Joachim Bürger,* der starke Sprüche klopfte: „Schluß mit dem schwachsinnigen Emanzipationsgewäsch! ... Der Mann hat halt einmal eine aufbauende, aktive Funktion, die Frau eine sorgende und erhaltende. Die Emanzen wollen wider die Natur den Katzen das Bellen beibringen ... Deshalb sollten Frauen aufhören, Männer zur Treue zwangsverpflichten zu wollen mit solchen Sprüchen wie: ,Du hast mich nicht mehr lieb!' ... Wie friedvoll und harmonisch aber wäre doch die Welt, wenn Ehefrauen so unterwürfig blieben, wie sie sich während der Verlobungszeit geben. Wie schön, wenn sie endlich zu ihrer einzig wahren Stärke stünden, zu ihrer sexuellen Ausstrahlung und ihrer Mütterlichkeit." Auf der Strecke all dieser Eskapaden blieben schlußendlich alle Beteiligten: Männer, Frauen, die Familien – und mit ihnen auch die Kinder.

Die österreichische Schriftstellerin *Elfriede Jelinek* brachte es auf den Punkt, und ihre „emanzipierten" Geschlechtsgenossinnen auf die Palme: „Es gibt nichts, was die Geschlechter miteinander haben – vielleicht gelegentlich eine Leidenschaft."

Das war vor ihrem Nobelpreis ...

Eine andere Frau – *Deborah Tannen* – schrieb gleich ein ganzes Buch über das gleiche Thema. „Du kannst mich einfach nicht verstehen" heißt es schlicht, und es birgt (antisozialistischen) Sprengstoff: Die Linguistikprofessorin belegte es hieb und stichfest, daß sich in der unterschiedlichen Sprechweise von Männern und Frauen auch deren unterschiedliche Denk- und Fühlweise ausdrücke. Kernsatz: Frauen suchen Kontakt über die Intimität, Männer über ihren Status. Intimität erst ermögliche Beziehung, während das Streben nach Status Unabhängigkeit voraussetze.

Während die Frau die Beziehung heilige und sie zu bewahren suche, strebe der Mann aus ihr fort, um sich „draußen" in der Männerwelt seinen Status zu ertrotzen.

Als hätten das nicht schon Legionen von (geschiedenen) Frauen am eigenen Leib erfahren.

Männlichkeit als Ablösung, Weiblichkeit als Bindung

Psychoanalytiker haben das auch schon längst gewußt – auch wenn Übervater Freud mit seiner Penisneidtheorie nicht unbedingt ins Schwarze getroffen haben und sein Sager vom Ödipuskomplex eine durchaus patriarchalische Sicht der Dinge verkörpern mag; anders sieht dies die US-Psychologin *Carol Gilligan* in ihrem Buch „Die andere Stimme". Zwar erkennt auch sie die unterschiedliche Reaktion von Bübchen und Mädchen auf den Ablöseprozeß von der Mutter, doch setzt sie die Gleichung anders an: Die männliche Identität wird den Buben als Anderssein mit der Mutter bewußt, für sie heißt die Lösung „Trennung"; die weibliche Identität wird den Mädchen als Gleichheit mit der Mutter bewußt, für sie lautet die Lösung „Bindung". Männlichkeit sei also durch Ablöse von der Mutter definiert, Weiblichkeit durch Bindung.

Der Umkehrschluß liegt mathematisch zwingend auf der Hand: Der Mann fühlt sich in seiner geschlechtlichen Identität durch Intimität (Bindung) bedroht, die Frau in ihrer Identität durch Trennung. Zumindest nach Carol Gilligan.

Diese diametralen Erlebnisse, die das Unbewußte von Bübleins und Mädleins prägen, äußern sich in Sprache und Gehabe des reifen Mannes und der erwachsenen Frau. Für *ihn* ist öffentliches Reden Möglichkeit zum Prestigegewinn und damit ein Statussymbol; in der freien Rede beweist der Mann seine Unabhängigkeit sich und anderen gegenüber, er findet seinen Platz in der hierarchischen Ordnung – und je höher, desto lieber ist es ihm, geht es doch um Machtzuwachs und -gewinn: „Wer Ohren hat, der höre." Für *sie* ist Sprache fürs Vertraute bestimmt; *sie* redet nur dort, wo es auch Beziehungen gibt, wo Integration zumindest möglich ist. Spricht eine Frau öffentlich (zumindest solange sie nicht „vermännlicht" ist), wird sie immer auf Konsens einwirken und auf Beziehung drängen. Im privaten Kreis „tratscht" sie gerne – und zwar über Vertrauliches; sie will sich mitteilen. Der Mann teilt sich nicht *mit;* er teilt *aus.* Beziehungen sind ihm ein Greuel: Er will Respekt, Ansehen, Macht. Daher „plaudert" *er* übers Auto, Geldverdienen, die Firma, Zukunftspläne, die Weltverbesserung, Politik. Auch über Frauen; denn im „schiefen" Mann-Frau-Verhältnis sind Frauen ebenfalls Prestige: Jung muß sie sein, hübsch soll sie sein, *ihm* soll sie „gehören". *Frauen* „definieren" sich ebenfalls gerne über „ihre" Männer: „*Treu*" muß *er* sein, Macht soll *er* haben. Die Frau hat *Anteil und eine Beziehung* mit ihm.

Fast schon peinlich, daß sogenannte „Emanzipierte" nicht mehr von Liebe, sondern von „Beziehungen" sprechen. Liebe wäre ja polar, würde *Gleichwertigkeit* voraussetzen *und* ein *Einander bedingen.* Eine „Beziehung" „hat" „man" (pardon: „frau"): Sie ist gleich*berechtigt.* Sogar den Begriff „Beziehung" hat die Emanzipation fehlverstanden und zur Bedeutungslosigkeit verhunzt. Moeller dazu: „Wir übersehen, daß die Beziehung kein Zustand ist, sondern eine ununterbrochene Entwicklung. Wenn wir die Andersartigkeit des anderen nicht wahrnehmen, leiten wir über Jahre eine Beziehung ein, die schließlich kaputtgehen muß. Zum Glück, möchte ich hinzufügen. Denn noch fürchterlicher sind jene Scheinbeziehungen, die nur noch aus einem glatten Nebeneinander der Partner bestehen und ein Miteinander bestenfalls in der Verwaltung des Alltags kennen."

Kommt der Mann von *draußen* heim, kommt es leicht zur Katastrophe. Zu Hause braucht (besser: will) der Mann weder ums Prestige, noch um seinen Status, noch um den Platz in der Hierarchie kämpfen. Hier will er seine Ruhe – ergo schweigt er. Jetzt will aber die Frau reden: Mit *ihm* hat sie ja die engste Beziehung – und Beziehung ist der Quell, aus dem *sie* ihren Redefluß speist.

Er versickert am tauben Ohr des Mannes ...

Diese tägliche Erfahrung gibt der Theorie von Gilligan Recht und läßt Freud im Regen stehen, der noch doziert hatte, daß Frauen „weniger Rechtsgefühl als der Mann, weniger Neigung zur Unterwerfung unter die großen Notwendigkeiten des Lebens" zeigten. Freud hatte dies – wohl richtig – auf die fortdauernde Mutter-Tochter-Beziehung zurückgeführt, diese aber als ein *Defizit bewertet*. Das läßt auch Anneliese Fuchs – beileibe keine Emanze – keine Ruhe: „Das treffendste Beispiel ... ist sicher Freuds Einstellung zu Frauen, die sich in seinen psychologischen Theorien niederschlägt und jahrzehntelang von ganzen Scharen von Psychotherapeuten widerspruchslos hingenommen wurde. Wenn man den Lebensweg Freuds beobachtet, kann man feststellen, daß er als typisch bürgerlicher ‚Patriarch' die Frauen im allgemeinen recht gering achtet." Und sie schließt messerscharf: „Er warb zwar sehr heftig um seine eigene Frau, nach der Heirat jedoch kümmerte er sich sehr wenig um sie und benützte sie als Mittel zur persönlichen Lebensgestaltung." Und der deutsche Psychoanalytiker *Wolfgang Schmidbauer* ätzt – freilich kritisch –, daß in unserer Zeit noch immer „der Penis die Norm ist und die Vagina die Abweichung".

Seit Freud scheint sich nicht viel geändert zu haben.

Fairneß kontra Fürsorge

Wenn Gilligan recht hat – und sie hat recht –, dann ist das moderne Crux in den Familien zum Teil erklärt: Denn was die Emanzipationsbewegung geleugnet oder schlichtweg ignoriert hat, hat mindestens zwei Generationen als Kinder das traute Elternhaus gekostet. Frauen haben nun einmal die Neigung zur Bindung und zur Intimität, sei es aus Gründen jahrtausendealter Sozialisation, sei es schlichtweg aus tiefenpsychologischen Gründen, wie sie Freud und Gilligan gleichermaßen – wenn auch unterschiedlich interpretierend – anführen. Es war immer die Strategie der Frau gewesen, in der Familie die Kontakte zu pflegen, sie aufrechtzuerhalten und nicht abreißen zu lassen.

Bis sie „vermännlichte".

Vermännlichen der Frau bringt sie in tiefenpsychologische Konflikte mit ihrem Unbewußten: Frauen haben – nach Tannen und Gilligan, aber auch nach den Erfahrungen von unzähligen Generationen mit Ausnahme der 68er, die sie geleugnet hat – ihre eigene Erlebniswelt. Sie ist von der des Mannes grundverschieden. Frauen haben damit auch eine eigene Moral, setzen mehr auf Fürsorge, Zuwendung und Anteilnahme, alles unmännliche Eigenschaften. Will eine moderne Frau ihren Mann stellen, kriegt sie Zores – mit sich selbst. Denn die männliche Denkungs- und Lebensart ist auf Gerechtigkeit (Fairneß), Öffentlichkeit, Unabhängigkeit ausgerichtet. Eine Frau, die derartige Charakteristika gegen ihre innerste Überzeugung prostituieren muß, bleibt über – und mit ihr der Mann, der sich plötzlich nicht mit einer Frau, sondern einem Mann verheiratet sieht, und die Kinder, die nicht nur ihre Mutter, sondern jetzt auch noch ihren Vater verloren haben: Der hält es nämlich zu Hause nicht mehr aus und geht.

Wenn nicht zuvor noch die Frau rasch die Scheidung eingebracht, weil sie ihren inneren Konflikt nicht erkannt hat (nicht erkennen konnte). Wer versteht sich schon auf Nabelschau und Introspektion? Wer weiß gar, was er *wirklich* will, woran es wirklich krankt? Zumeist nämlich an der zu Bruch gegangenen Polarität zwischen Mann und Frau, ohne die eine Familie nicht funktionieren kann.

Gleichberechtigt versus gleichwertig

„Die Frau ist der Proletarier in der Beziehung. Sie muß die Liebesarbeit machen. Sie ist das begehrte Objekt. Wenn sie selbst begehrt, funktioniert es nicht", sagte – seinerzeit – treffend Elfriede Jelinek. Das mit der Liebesarbeit stimmt wohl; Liebe ist nun einmal Bindung und Intimität und somit Domäne des Weiblichen – zumindest nach der Theorie von Gilligan und Tannen. Das mit dem Proletarier wird wohl auch stimmen; es müßte sehr wohl nicht. Denn zum Proletarier wird man nur in einem schiefen Verhältnis: gegenüber der Bourgeoisie etwa, wenn man im Marxschen Modell bleibt, gegenüber dem Mann, wenn man ans patriarchalische denkt. Beide Modelle sind freilich Wirklichkeiten: Das Marxsche *war* eine (es hat seine Gültigkeit noch in China, Nordkorea, Kuba und einigen afrikanischen Staaten), das patriarchalische *ist* eine. Das ist beklagenswert, aber wahr. Denn nach wie vor wird es von den Emanzen völlig wirkungslos mit „gleichem Recht für alle" bekämpft (und damit natürlich stabilisiert!), anstatt *gleichwertige Rechte für beide Geschlechter* zu fordern. Nicht „gleiches Recht", sondern *gleicher Wert* für beide müßte gefordert werden! Geschähe dies, wäre das Patriarchat mit einem Schlage abgeschafft und hätte die Frau endlich jenen Wert, der ihr von Natur aus zusteht: *den gleichen wie der Mann* nämlich. Weder ist der Penis die Norm und die Vagina die Abweichung, noch ist es umgekehrt.

Wie wohl jeder weiß, sind beide gleichermaßen wichtig.

Wahrscheinlich mißversteht man „Übervater" Freud auch in bezug auf die von ihm kreierte Theorie des „Penisneids"; höchstwahrscheinlich würde Freud heute auch eine andere Sprache wählen und nicht mit einem solchen Terminus das patriarchalische Denken zementieren.

Geschlechterk(r)ampf

Die Wichtigkeit der Mutter-Tochter-Beziehung hat Freud ja schon angemerkt – in Anlehnung an alte Traditionen, die in ihr durchaus göttliche Attribute zu sehen glaubten. Heute wird die Rolle der Frau als Mutter leider immer noch penetrant abgewertet – ein „Verdienst" des – Gott sei Dank abgedankten – realen Sozialismus, aber auch eine Folge der „Emanzipationsbewegung" vom Stile einer *Alice Schwarzer.* Feministische Psychologinnen wie die Wienerin *Rotraud Perner* multiplizieren solches Denken, anstatt die Frau in dieser ihrer wichtigen Rolle zu bestärken. Würden die Frauen hingegen um die männliche Anerkennung und die soziale Aufwertung des Mutterseins kämpfen – es gäbe weniger Scheidungen und Geschlechterk(r)ampf.

Das Gegenteil ist der Fall. Schmidbauer sieht den Grund für den sich weiterhin verschärfenden Geschlechterk(r)ampf in der „juristisch formulierten, praktisch allmählich fortschreitenden Gleichberechtigung von Männern und Frauen". Die Männer, die mit den geänderten Verhältnissen nicht fertig werden, drehen durch und schlagen zu. Wer eine Frau als Mutter seiner Kinder geheiratet hat und sich plötzlich einem penislosen Pseudomann gegenübersieht, der dreht durch; wer im zeitgeistigen Irrsinn der sogenannten „Gleichberechtigung" großgeworden ist und plötzlich in der Mutter seines Kindes die Urfrau erkennen muß, die sich um ihr Kind kümmert, weil es ihr Urtrieb ist, der ist frustriert; wer nie gelernt hat, eine Frau als Frau zu sehen und zu lieben, sondern als „gleichberechtigten" Andersgeschlechtlichen, wie das Gesetz es befiehlt – der wird die Mutterschaft seiner Ehefrau nicht achten und Vaterfreuden nicht teilen können.

Narzißtische Familien

Narziß – das war der Knabe, der sich in sein Spiegelbild im Wasser verliebte. Narzißmus ist „die Tendenz ..., auf Taten und körperliche Attribute unverhältnismäßig viel Wert zu legen" (Lexikon der Psychologie). Narzißmus herrscht auch in der – patriarchalischen – Kleinfamilie von heute. Der Mann spielt den Solopart des Narziß und sonnt sich in beziehungsloser Selbstsucht, „seine" Frau ist ihm der Spiegel: Er sonnt sich in ihr. Wird der Spiegel blind, gibt 's Haue – oder Scheidung.

Oder beides. Meist eins nach dem anderen.

Die Frau von gestern war auf das Spiegelsein getrimmt worden: durch Erziehung von Muttern her. Die Frau von heute hat die Emanzipationsbewegung entweder von klein auf (wenn ihre Mutter ein

Sproß der 68er-Generation war) oder im Zuge ihrer Pubertät blind gemacht: In blinden Spiegeln sieht man nichts.

Die Männer sind frustriert.

Denn sie hat keine Mutter gelehrt, auch ohne Spiegel existieren zu können; sie haben keine Väter gehabt, die ihnen Vorbilder gewesen wären. Die sind schon zuvor weggeschieden worden oder haben sich in die innere Emigration oder ins unverfängliche, weil weit von der Familie entfernte Büro zurückgezogen.

Väter waren sie ihren Söhnen keine gewesen.

Sowohl Mütter als auch Väter haben also versagt.

Wolfram Kurz, deutscher Privatdozent aus Tübingen, schrieb dazu in der Zeitschrift „Ärztliche Praxis und Psychotherapie": „Der individualistisch orientierte Mensch dreht sich vorrangig um sich oder mißbraucht sein soziales Umfeld als Bühne, auf der er sich selbst aufführt ... Am meisten liegt er sich selbst am Herzen. Wehleidig, frustrationsintolerant und äußerst sensibel mit sich selbst, fällt er nicht selten den anderen zur Last." Und dann kommt 's knüppeldick: „Eine butterweiche Erziehung ohne Zumutung und Herausforderung mag das ihre dazu beitragen, daß dieser Typus gedeiht. Eine Psychoszene, die den Menschen anleitet, jedes Fürchtlein wahr- und jedes Zipperlein der Seele ernst zu nehmen und um Gottes willen die Augen vor der konkreten Herausforderung des Alltags zu verschließen, eine Szene dieser Art wird diesen Typus zur höchsten Blüte bringen."

Die Mütter waren als erste auf ihr Spiegeldasein aufmerksam geworden; sie hatten aber als Reaktion darauf nicht begonnen, den Narziß im Mann zu bekämpfen, also gegen das Patriarchat anzutreten, sondern sie trieben den Teufel mit Beelzebub aus Sie wollten die schöneren Narzisse sein. Der Wiener Familientherapeut *Ludwig Reiter* kommentierte diesen miesen Schachzug weniger blumig, dafür um so markiger: Die Frauen eroberten die Phallussymbole. Und auf Wiener Einbahnstraßenschildern klebten Ende 1991 rosafarbene Aufrufe: „Die Diktatur der Schwänze hat ihre Grenze."

Auf ging 's! Schon damals.

Und heute?

Die Muttersöhnchen

Die Männer sind frustriert. Bei den wenigsten hat die Loslösung von der Mutter als Dreikäsehoch klaglos funktioniert: Ein Vater war nur selten zur Stelle, wenn er gebraucht worden wäre. Erwachsene Männer, solcherart immer noch nicht von der Mutter losgekommen, kultivieren auf ihre Gebärerin Haß und auf ihren Erzeuger Wut.

Robert Bly schrieb vor schon fast 20 Jahren in seinem Buch „Eisenhans" darüber: „Frauen können aus einem Embryo einen Jungen werden lassen, aber nur Männer können aus einem Jungen einen Mann machen." Jesus Ruf: „Vater, warum hast du mich verlassen?" kann nahtlos auf die heutigen Männer übertragen werden, deren Väter außer Reichweite der Jungen in Büros hock(t)en, auf Montage oder im Ausland waren/sind oder schlichtwegs wochenpendeln. Der Vater, das ist nach wie vor derjenige, der ab und zu heimkommt, Radau schlägt oder die Fürsorge der Mutter für sich beansprucht, als Konkurrent zum Sohn auftritt oder sich als solcher aufspielt, schlechtestenfalls als (Schein-)Autorität am Wochenende in Erscheinung tritt, aber Fürsorglichkeit missen läßt und schon gar nicht Vorbild ist.

Die Väter verbringen wöchentlich keine zwei Stunden mit ihren Kindern. Am Wochenende sind es gar nur fünf Minuten. Zur Zeit der Revolte der 68er-Generation hatten die Väter noch täglich zwei Stunden ihren Sprößlingen gewidmet, ein Jahrzehnt später war die Zuwendungszeit auf eine Stunde gesunken, in den Achtzigern des vorigen Jahrhunderts war die Vater-Kind-Beziehung auf magere 20 Minuten täglich gesunken.

Verglichen mit heute war das viel.

Robert Bly klagte in seinem 1990 erschienenen Buch die Väter an: Bei so wenig Vaterzuwendung käme den heranwachsenden Jungen die Männlichkeit abhanden; sie hätten keine einschlägigen Vorbilder mehr, klammerten zuviel an ihren Müttern und verlernten obendrein den Kontakt zu ihren Geschlechtsgenossen; innere Leere sei der Erfolg solchen vaterlosen Erziehens. Frust mache sich breit, die eigene Geschlechter- und Berufsrolle werde zunehmend hinterfragt, und wo kein echter Mann, da auch keine echte Beziehung zu einer Frau.

Und heute ist 's noch schlimmer!
Eine weitere Erklärung für den Tod der Familie.
Jungen werden erwachsen – wenn auch nicht zu „Männern", und ihr Klammern an der Mutter wird ihnen zusehends zur Last und Bedrückung. Mit Männern umzugehen haben sie nicht gelernt – also wird ihnen der Geschlechtsgenosse zum Rivalen, der bekämpft werden muß und nicht zum Gefährten, mit dem man sich solidarisch erklärt. Wer so vereinsamt, eint sich im Kampf gegen das, was ihn – unbewußt – geprägt hat: das Weibliche. *Samuel Osborne*, Harvardpsychologe und Buchautor von „Die ersehnte Begegnung. Männer entdecken ihre Väter" schreibt: „Für viele Jungen besteht die einzige Art und Weise, wie sie von dem, was weiblich ist, loslassen können, darin, es zu entwerten und lächerlich zu machen. Wir müssen unsere Wünsche, weiter versorgt zu werden und der Mutter nahe zu sein, unterdrücken und verbergen."
Solches Ansinnen provoziert nachgerade Gewalt: gegen die Frau, die als Ehefrau vielfach Mutterersatz ist.

Die Prügelknaben

Die Statistiken zeigen wahre Horrorzahlen: 40 Prozent der österreichischen Frauen geben zu, von ihrem Ehegespons schon verprügelt worden zu sein. Das ist ein mutiges Bekenntnis – wer gesteht schon gerne ein, gedemütigt worden zu sein? Ergo *kennen* über 50 Prozent aller Frauen welche, die geschlagen werden. *Jede zweite Österreicherin wird also von ihrem Mann gezüchtigt.* Dabei ist explizit das Hauen gemeint. Wie viele seelische Blessuren abkriegen, kann nur geahnt werden: Zugeben tut jedenfalls die Hälfte der Frauen, daß ihr Mann oft „heruntermache" – und da kommen schon mal Ausrücke vor wie: „Du bist das Geld nicht wert, was du verfrißt." Da noch immer fast in jeder jüngeren Ehe ein bis zwei Kinder zugegen sind, spielt sich dieses eheliche Drama meist vor Zeugen ab. Und wenn die lieben Kleinen es schon nicht sehen, wie ihre Mutter verprügelt wird, so hören sie zumindest die Schmerzensschreie der Mutter und die Wutausbrüche des Vaters durch die Wände ins Kinderzimmer.
Wenn sie nicht gleich mit geschlagen werden.

Die Menschen haben heute schlichtweg verlernt, miteinander umzugehen. Was die Kinder in den eigenen vier Wänden erleben (müssen), spottet oft jeder Vorstellung. Gelehrt wird Kommunikation nirgendwo. Wie man miteinander umgeht, weiß kaum jemand.

Da nützt auch die „heldenhafte" Mutter nichts, die sich zwischen Kind und tobenden Vater stellt, um es vor den Schlägen des Tyrannen zu schützen. Das Kind lernt dabei nur: Der eine ist aggressiv, die andere opfert sich und leidet. Ein archaisches Rollenverhalten wird damit fixiert und an die nächste Generation weitergegeben. Die Frau ist dieser Fixierung ausgeliefert: Es liegt am Mann, sein Verhalten zu ändern.

Das kann er aber kaum: Er hat es nicht gelernt. Wird ihm der narzißtische Spiegel entzogen (siehe oben), ist er haltlos. Schwäche wird aber immer noch am billigsten – und effektivsten, weil es einen selbst entlastet! – mit Aggression kompensiert. Das Rad der Frustration hat sich weitergedreht, der Schwache hat wieder einmal bestätigt erhalten, daß es noch Schwächere gibt.

Die Gründe dafür liegen im Unbewußten: die Angst vor dem Verschlungenwerden durch die „böse" Mutter, die für den von der Mutter unvollständig gelösten Mann durch eine selbständige, selbstbewußte Partnerin aktiviert wird. Weil er es nie gelernt hat, durch eine funktionierende Dreierbeziehung und einen fürsorgenden, vorbildlichen Vater die Muttersymbiose zu überwinden, hängt dem Mann dieses seelische Defizit nach bis ins Heiratsalter. Er will – wie in Kindestagen – in seiner Frau nur die „gute" Mutter. Von der „bösen" Mutter fürchtet er, verschlungen zu werden. Und „böse" werden Frauen für so einen defekten Mann in dem Moment, wo sie ihm widersprechen – was ja bekanntlich die Mutter dem Dreikäsehoch gegenüber auch schon getan hatte. Damals hat er nicht zuschlagen können – heute kann er es. Verliert er dann die solcherart geprügelte oder gedemütigte Frau, hat der Mann auch die „gute" Mutter verloren – selbständig ist er ja durch den Mangel an einem „brauchbaren" Vater nie geworden. Also hat der erwachsene seelische Krüppel Angst vor dem Alleinsein – und lauert der Davongelaufenen im Haustor auf, bombardiert sie mit Briefen, telefoniert ins Frauenhaus, wohin sich seine Frau geflüchtet hat, und *verspricht,* sich zu bessern. Stalking nennt man das heute – und es läßt grüßen.

Die Frauen wiederum, von klein auf das Dulden, Bewahren, Intime, das Geheime gewöhnt (siehe oben), wollen ihm das *gerne* glauben. Auch sie leiden unter der Einsamkeit – sie wollen ja die Beziehung; Beziehung ist ihr Wesenszug, Bindung ihr unbewußtes Wollen (nach Carol Gilligan; Freud siehe oben). Folge solcher fast schon polar zu nennenden Verhaltensmuster ist das schwache Selbstwertgefühl seitens des Opfers: Die beiden kommen wieder zusammen – er prügelt weiter, sie leidet weiter.

Der Watschenbaum

Cheryl Benard und *Edith Schlaffer* (und andere) haben in ihrer Studie „Nichts gegen Gewalt – über die Dimensionen eines gesellschaftlichen Problems und die Notwendigkeit konsequenter Maßnahmen" (präsentiert vom Familienministerium) festgestellt:

- „Männer haben nicht gelernt, ihre Frustrationen und Enttäuschungen anderswo abzureagieren als an ihren Nächststehenden und anders als mit primitiver Faust- und Seelengewalt.
- Frauen haben nicht gelernt, sich anders dagegen zur Wehr zu setzen als mit Leiden und der naiven Hoffnung, daß Rambo sich irgendwie doch noch in Romeo verwandelt.
- Und die Kinder sitzen mittendrin, im Gefängnis der elterlichen Psychokriege, manchmal Geisel, manchmal selber Opfer, immer horrifizierte Augenzeugen.
- Für Kinder bedeutet ein gewalttätiges Familienklima eine einschneidende Verletzung ihrer Entwicklungschancen. Sie sind auch dort extrem belastet, wo sie nicht selbst geschlagen werden. Mitzuerleben, wie ihre Mutter geschlagen wird – manchmal ‚ihretwegen' – ist psychisch ebenso bedeutsam wie eigenes Geschlagenwerden."

Zwei Drittel der Eltern schlagen ihre Kinder. 40 Prozent der Zehn- bis Sechzehnjährigen kriegen die „g'sunde Watsch'n", mitunter auch einen Tritt in Hintern oder Bauch oder werden an den Haaren gerissen. Vielleicht liegt darin das Geheimnis vieler Hort- oder Tagesheimkinder, daß sie so gerne auch nachmittags zur Schule gehen? In der Schule ist das Zuschlagen zumindest verboten – vorkommen soll es trotzdem, auch wenn es nur eine „Nuß" ist. Über

80 von hundert Eltern züchtigen regelmäßig mit der Hand, ein Drittel schlägt mit Gegenständen und versohlt die Hintern der Sprößlinge. Burschen werden häufiger körperlich mißhandelt, Mädchen eher mit Verboten und Liebesentzug bestraft." Partner, die sich die Hausarbeit teilen, wenden sanftere Erziehungsmethoden an. Dagegen sollen Mütter, die „nur" Hausfrau sind und diese Arbeit auch noch alleine verrichten müssen, ihre Kinder öfter und stärker schlagen, als die dazugehörigen Väter: Ein Drittel soll sogar schwere körperliche Gewalt anwenden. Schlägt einmal die Mutter, läßt der Vater jede Hemmung fallen.

Dies betrifft nicht nur gesellschaftliche Randgruppen: „Fälle von Gewalttätigkeit in der Familie dürfen nicht als Randproblem angesehen werden, das den Normalbürger nicht betrifft. Die Realität in den Familien zeigt, daß die Menschen im Umgang miteinander Defizite aufweisen. Die Menschen werden im Umgang miteinander immer ungeübter."

Die Ursachen der Zunahme jugendlicher Gewalt liegt in der Veränderung der Familienstruktur und der sehr häufigen Trennung der Eltern. Bei fast allen Jugendlichen ist festzustellen, daß sie in irgendeiner Form ohne Vater aufwachsen. So ist bei ihnen ganz wesentlich ein Rachegedanke am Werk, besonders bei den männlichen Delinquenten. Da eine Revanche gegenüber dem Vater meistens nicht möglich ist, zielt diese Revanche auf die Gesellschaft oder irgendeinen Mitmenschen.

Der zerbrochene Spiegel

Wie war das doch weiter oben mit dem Erobern der Phallussymbole? Reicht für die prügelnden Mütter als Erklärung wirklich nur der Haushaltsstreß, die Mißachtung durch den Mann – oder ist es tatsächlich der narzißtische Spiegel, der in solchen Fällen nicht nur blind geworden, sondern sogar zerbrochen ist? Schlagen „moderne" Frauen nur ihre Kinder, oder jagen sie der *phallischen Action* auch außerhalb des „trauten" Heims nach? Die „Emanzipation" der Frau treibt recht sonderbare Blüten: In Kultfilmen greifen sie zu den Waffen und killen Männer. Im genauso brutalen Geschäftsalltag gehen sie brutaler vor, als ihre „lieben" Kollegen. Die Frauen haben es satt, sich über ihre Männer bestimmen zu lassen und das zu repräsentieren, was *er* nicht ist: jung, hübsch, charmant, verführerisch, geduldig, opferbereit, einfühlsam, nachgiebig. Absurde Theorien wurden verbreitet, wie: Die neue weibliche Moral entwickele sich aus dem geheimen Auftrag der Mütter, den verhaßten Mann und seine Definitionsgewalt zu überwinden, sich zu wehren und mißtrauisch zu sein.

Kann diese angebliche „Über-Ich-Aktion" ernstgenommen werden? Der klassischen Psychoanalyse ist sie fremd, den Filmemachern nicht. Dort schießen und morden Frauen von den Leinwänden, daß es den zusehenden Frauen eine – angebliche – Freude ist. Gemacht sind diese Filme aber allemal von Männern, und wieweit sie wirklich das unbewußte Sehnen der Frauen repräsentieren, sei dahingestellt. Tatsache ist, daß es in Mythen seit jeher Rachegöttinnen gab – die Erinnyen –, und kämpferische Frauen nie ihre Wirkung verfehlten: Das gilt von den alten Griechinnen über die *Jeanne d'Arc* bis zu den knallenden „Heldinnen" des postmodernen Zelluloids. *Ursula Richter* schrieb in ihrem Buch „Die Rache der Frauen": „Frauen, die männliche Rachetaten vollbringen, können nur Heldin sein, wenn sie zur Märtyrerin werden oder von einem Helden, nachdem er sie getötet hat, anerkannt werden." Dies mag ewige Wahrheit sein und Gültigkeit haben, und der Film mag sich der einschlägigen Mythen erinnern und sie neu aufarbeiten. Mit der Realität dürfte es wenig zu tun haben: Frauen leiden nach wie vor stumm. Aber immer mehr haben den Mut, zumindest vorübergehend ihre Leidenskarriere zu unterbrechen: Sie nehmen vor ihren Männern Reißaus, suchen – kurzfristig – Unterschlupf bei der Mutter, einer Freundin oder im Frauenhaus und wagen immer häufiger den Weg zum Scheidungsrichter; mehrheitlich bringen heute Frauen die Scheidung ein. Aber das Aufbäumen währt nicht lange: Die unverheiratet Bleibende ist in der Minderzahl. Die Geschlechter zieht es immer wieder zueinander. Bestenfalls, daß man – ein zweites Mal – nicht mehr heiratet. Aber die Schar dieser wenigen ist gering.

Was die Männer nicht schaffen – Liebe, Partnerschaft – wollen die „modernen" Frauen angeblich auch nicht mehr. Die „Emanzen" greifen nach den „Errungenschaften" der Männerwelt – und wenn die ganze Welt (und zuallererst die eigene Familie) daran zugrunde geht. Frauen mit Durchblick haben längst erkannt, daß sie auch in der postmodernen Gesellschaft nur das dürfen, was die Männer zulassen: sich „emanzipieren" nämlich auf Kosten der eigenen Weiblichkeit und das Wohl ihrer Kinder. Karriere ist in der Männerwelt nun mal nur über Rücksichtslosigkeit, das Parteibuch und für Frauen oftmals auch noch über das Bett zu machen – außer sie sind wirklich gut. Wirklich gut zu sein in einer Zeit der Spezialisierung heißt aber, sich mit sämtlichen „männlichen" Attributen vertraut zu machen – auf Kosten der Weiblichkeit, der Mutterschaft und der Gesundheit. Die Mehrheit der Superfrauen ist dem Beruf zuliebe kinderlos, mehr als die Hälfte aus diesen Gründen unverheiratet, gut ein Viertel lebt getrennt oder geschieden. Die Frau ist doppelt belastet, doppelt sozialisiert und doppelt qualifiziert, der Mann aber halbiert. Die Frauen übernehmen immer mehr von der männlichen Domäne, die Männer verlieren dadurch. Weibliches übernehmen nur die raren „Hausmänner"; sie sind statistisch vernachlässigbar.

Die Rolle der Frau von heute ist völlig ungeklärt. Frauen rauchen mehr, trinken mehr, kriegen immer mehr Männerkrankheiten, berufstätige Frauen sterben auch früher – wie ihre männlichen Karrieretypen. Einige wenige kommen drauf, daß den Männern diese falsche Emanzipation der Frau nicht einmal so unwillkommen gewesen ist, ja, daß sie von Blattmachern und Verlagen sogar gefördert worden ist: Die Wirtschaft braucht die Frau, die nützliche Idiotin „Emanze" hat hier mitgetan und eine ganze Generation nachfolgender Frauen unglücklich gemacht – mitsamt deren Kindern und Männern. Die (Film-)Waffe in der Hand der Frau mag so nur ein Symbol für die Wut und den Zorn der erwachenden wirklich emanzipierten Frau sein, die diese Falle erkannt und durchschaut hat: erst die Pille und das „Recht auf den eigenen Bauch", der nur dem Mann seine Lustbefriedigung erleichtert und Verantwortung abgenommen hat; dann „Emanzipation" um den Preis, ihr Bier selbst bestellen, auf offener Straße eine Zigarette rauchen und unbeanstandet unehelich gebären zu dürfen.

Männer wollen nicht mehr heiraten, Frauen die Scheidung – und die Kinder schreien nach Eltern und bleiben übrig.

Das Weibliche geht verloren, und die Männer fördern dies.

Eigentlich ist es zum Heulen.

TEIL II:
ELTERN ALS TÄTER

Von den Kindern

Eure Kinder sind nicht eure Kinder;
es sind die Söhne und Töchter
von des Lebens Verlangen
nach sich selbst;
sie kommen *durch* euch.
Und sie sind auch bei euch,
so gehören sie doch nicht euch.
Ihr dürft ihnen eure Liebe geben,
doch nicht eure Gedanken;
denn sie haben ihre eigenen Gedanken.
Denn ihre Seele wohnt im Haus von morgen,
das ihr nicht zu betreten vermögt,
selbst nicht in euren Träumen.
Denn das Leben läuft nicht rückwärts,
noch verweilt es beim Gestern.
Ihr seid der Bogen,
von dem eure Kinder
als lebende Pfeile entsendet werden.
Der Schütze sieht das Zeichen
auf dem Pfade der Unendlichkeit.
Und er biegt euch mit seiner Macht,
auf daß eure Pfeile schnell und weit fliegen –
möge das Biegen in des Schützen Hand
euch zur Freude gereichen.

Khalil Gibran

„Da hast du jetzt einen Hieb, und vielleicht hängt der mit der Scheidung zusammen" oder: Wie man trotzdem was wird im Leben

Interview mit Katharina K., 22 Jahre

Wir haben nur eine einzige Realität: die, die wir erleben.
Michael Lukas Moeller

F.: Katharina, wie alt waren Sie bei der Scheidung Ihrer Eltern?
K.: Ungefähr sechs Jahre.
F.: Wie ist es Ihnen mitgeteilt worden, daß sich Ihre Eltern scheiden lassen wollen?
K.: Das war schon lange vor der Scheidung. Mein Vater hat mich von der Schule oder vom Kindergarten abgeholt, was mich sehr verwunderte, weil er das sonst nie gemacht hat, ist dann mit mir spazierengegangen und hat mir erklärt, daß die Mutti und er sich nicht mehr so gut verstünden und daß sie es für das Beste hielten, wenn sie sich scheiden ließen. Er hat mir auch erklärt, daß das nichts damit zu tun habe, daß sie mich jetzt etwa nicht mehr liebhätten. Ich könne ihn sehen, wenn ich bei der Mutti bliebe, und die Mama, wenn ich bei ihm bliebe. Soweit ich mich erinnern kann, hab' ich das damals gar nicht so richtig realisiert. Mich hat nur wahnsinnig geschockt, daß mein Vater zu weinen begonnen hat. Das hat mich an der ganzen Sache am meisten berührt. Meine Eltern haben sich aber dann doch nicht gleich scheiden lassen, aber es ist immer so unterschwellig mitgelaufen. Die Mutti hat mich auf dem laufenden gehalten. Wie es dann wirklich passiert ist, kann ich mich jetzt gar nicht mehr so richtig erinnern, nur, daß sie schon sehr viel mit mir gesprochen haben.
F.: Haben Sie mit sechs Jahren überhaupt schon gewußt, was Scheidung bedeutet?
K.: Soweit es mir der Papa und die Mutti erklärt haben. Also daß die Eltern, wenn sie sich nicht mehr liebhaben, auch nicht mehr zu-

sammenleben wollen, daß sie sich dann scheiden lassen, daß der Vater oder die Mutter wegzieht und daß ich dann bei einem von beiden bleib' und den anderen sehen kann. Das hab' ich damals von der Scheidung gewußt.
F.: Warum glauben Sie, daß Ihr Vater geweint hat?
K.: Weil mein Vater sonst ein Mensch ist, der eigentlich sehr wenig Gefühle zeigt und der es sehr gern hat, etwas Distanz zu haben. Und weil ich ihn eigentlich nur so gekannt habe als den Lockeren, Munteren, der mich halt ausschimpft, wenn ich was angestellt hab', und der mich lobt, wenn ich brav war, aber daß er *solche* Gefühle zeigt, war ich überhaupt nicht von ihm gewohnt. Warum er geweint hat, weiß ich nicht. Kann sein, daß er Angst gehabt hat oder nicht wußte, wie er mir das sagen soll, und daß das irgendwie aus seiner Verzweiflung heraus passiert ist, daß er die Scheidung vielleicht gar nicht wollte?
F.: Haben Sie damals emotional mehr dem Vater oder der Mutter zugeneigt?
K.: Das ist schwer zu beantworten, da ich meinen Vater kaum gesehen habe. Am Wochenende ist er andauernd unterwegs gewesen, aus sportlichen Gründen, und unter der Woche hab' ich um zirka sechs schlafen gehn müssen – da ist er erst vom Büro nach Hause und nur kurz zu mir ins Zimmer gekommen – viel mehr hab' ich von meinem Vater eigentlich nie gesehen. Wenn ich mit jemanden etwas unternommen hab', dann meist mit meiner Mutter. Er war irgendwie außenstehend. Die Familie waren eigentlich nur die Mama und ich, und er war halt der Papa, der am Abend kommt.
F.: Haben Sie Angst davor gehabt, daß Ihr Vater nicht mehr kommt?
K.: Das kann ich jetzt nicht mehr sagen.
F.: Hat sich für Sie durch die Scheidung in Ihrem Verhältnis zum Vater etwas geändert?
K.: Ich hab' ihn einmal pro Woche am Wochenende gesehen und hab' gar nicht gewußt, was ich mit ihm anfangen soll. Unsicher war ich. Verändert hat sich am Anfang eigentlich für mich nichts. Ich hab' mir selber ein bisserl leidgetan, daß ich ihn jetzt nur mehr so selten seh'. Je älter ich dabei geworden bin, um so mehr hab' ich mich von ihm distanziert. Ich konnte nichts mit

ihm anfangen. Ich war von zu Hause meine Mutter gewohnt, eine emanzipierte, selbständige Frau – und mein Vater war ein Patriarch. Ich habe bei meiner Mutter gelernt, selbständig zu sein und zu handeln und nicht so, daß der Mann die absolute Macht in der Familie hat und daß alles passiert, was er will, sondern daß Frau und Mann gleichgestellt zu sein haben. Bei meinem Vater war es genau umgekehrt: Diese Widersprüche hab' ich aber erst mit 13, 14 Jahren bemerkt. Er hat dann nochmals geheiratet. Wenn ich bei ihm war und zum Beispiel ferngesehen hab', hat ihn seine neue Frau bedient und er hat die Füße auf dem Tisch gehabt und hat oft nicht einmal *danke* gesagt. Solche Dinge sind mir sehr stark aufgefallen. Während der damalige Freund meiner Mutter eigentlich immer mitgeholfen hat. Da hab' ich erst so richtig geschaltet, daß meine Eltern eigentlich grundverschieden sind. Mit der Zeit bin ich dann mehr in die Richtung meiner Mutter gewandert.

F.: Hat sich in der Beziehung zu Ihrer Mutter etwas geändert durch die Scheidung?

K.: Ja! Auf jeden Fall. Sie hat dann diesen Freund gehabt, und den hab' ich nicht leiden können. Ich hab' damals nur nicht den Mut gehabt, es ihr zu sagen, weil ich glaubte, nicht das Recht dazu zu haben.

F.: Mit sechs Jahren haben Sie von *Recht* gewußt?

K.: Nein, das war etwas später. Der Freund war ja nicht sofort da. Ich kann mich nicht einmal erinnern, wann der das erste Mal da war. Mein erster Eindruck von ihm war jedenfalls ein sehr negativer. Mit der Zeit hab' ich dann eine totale Antipathie ihm gegenüber entwickelt, aber ich habe nichts gesagt. Ich hab' das so gesehen: Die Mama war unglücklich, sie hat sich scheiden lassen – daß die Scheidung von meiner Mutter ausgegangen ist, hab' ich gewußt –, und ich hab' gefühlt, ich kann ihr meine Antipathie ihrem Freund gegenüber nicht sagen, sonst ist sie wieder unglücklich. Meiner Großmutter hab' ich meine Gefühle erzählt, und das hat mir wieder ein bisserl geholfen. Ich habe meine Mutter nicht belogen, aber doch im unklaren gelassen über das Verhältnis, das ich zu diesem Mann gehabt hab'. Es hat auch sehr lange gedauert, bis ich ihr das erzählt hab'.

F.: Haben Sie Ihrer Mutter damals oder jemals Vorwürfe gemacht, daß sie Ihnen Ihren Vater vertrieben hat?
K.: Nein.
F.: Da war doch der Papa plötzlich weg?
K.: Das war gar nicht so plötzlich! Ich bin heute froh, daß sie das damals so langsam gemacht haben. Erstens war ich gewohnt, daß er ohnedies nicht viel da war, und so war es mehr eine sanfte Entwöhnung. Es war ja auch der Kontakt mit ihm nicht weg! Er ist noch ab und zu gekommen und hat mit meiner Mutter geplaudert!
F.: Hat sich Ihre Mutter Ihnen gegenüber verändert, als der Vater weg war?
K.: Das weiß ich nicht mehr.
F.: Haben Sie Verhaltensänderungen gezeigt?
K.: Ja, daran kann ich mich sehr gut erinnern! Bis fünf, sechs war ich ein eher ruhiges, stilles Kind, nicht schüchtern. Auf einmal hab' ich begonnen, übermütig zu sein, viel zu lachen – eigentlich so in der Richtung, wie ich es jetzt bin.
F.: Wissen Sie, warum das so war?
K.: Doch! Es war für mich ein plötzliches Ausleben. Das „Introvertierte" von früher hab' ich aber noch irgendwie behalten. Es war für mich damals eben die Art, meine Unnahbarkeit auszudrücken. Da haben mich die Leute in Ruhe gelassen und sich gesagt: Dem Mädel geht es eh gut. Meine Eltern haben das aber schon mitgekriegt, daß meine Unnahbarkeit sehr viel Mache war. Mein Vater hat immer sofort gewußt, wenn ich traurig war. Meine Mutter auch.
F.: Und Sie glauben, Sie haben das kompensiert durch Ihr „Überdrehtsein"?
K.: Ich glaub', daß es irgendwie so war, weil es mich wundert und ich vorher wirklich ruhig gewesen bin.
F.: Wie sind denn Ihre Eltern vor der Scheidung miteinander umgegangen? Hat es geknistert? Haben Sie geahnt, daß sie sich nicht mehr liebhaben? Oder war die Welt in Ordnung?
K.: Es hat oft Streitigkeiten gegeben. Mein Vater war eher der ruhige Typ, der nicht losbrüllt, dafür hat meine Mutter, wenn sie zornig war, herumgetobt, und das hab' ich schon mitgekriegt.

F.: Zu wem haben Sie denn gehalten bei einem Streit?
K.: Immer zu dem, der zuerst zu weinen begonnen hat. Mich haben solche Situationen immer fertiggemacht. Das hab ich bis heute mitgenommen: Wenn wer streitet, werde ich sehr unruhig, da krieg' ich ein beklemmendes Gefühl, das ist wirklich ganz grauslich. Ich hab' aber niemals Schuld zugeteilt.
W.: Sie sind Ihrer Mutter zugesprochen worden; wie oft haben Sie Ihren Vater danach gesehen?
K.: Einmal die Woche. Ich bin aber auch ab und zu mit ihr über das Wochenende weggefahren oder hab' in den Ferien eine Woche bei ihm gewohnt. Das war aber nicht sehr aufregend, da er nie zu Hause war.
F.: Hat sich für Sie nach der Scheidung etwas gravierend geändert? Wohnungswechsel, Milieuwechsel oder ähnliches?
K.: Ja, Wohnungswechsel. Die Wohnung hat meinem Vater gehört, und wir mußten ein Jahr nach der Scheidung ausziehen. Das war auch das einzige, wo ich wirklich sehr traurig gewesen bin: Alle meine Freunde sind beim Auto gestanden und haben uns beim Wegfahren nachgewunken. Das war die eigentliche Trennung. Er da, wir dort.
F.: Haben Sie auf diesen Auszug irgendwie reagiert?
K.: Nein.
F.: Hat sich die Scheidung auf Ihre Schulleistungen ausgewirkt?
K.: Nein. Ich war eine durchschnittliche Schülerin.
F.: Warum haben Sie den Freund Ihrer Mutter nicht gemocht?
K.: Er war für mich ein Großmaul. Er war furchtbar groß, ein Quatscher und sehr brutal in seiner Sprache. Die Art, wie er sich bewegt hat, hat mich abgeschreckt. Ich war von meiner Mutter und meinem Vater eher ruhige Bewegungen gewohnt.
F.: Waren Sie eifersüchtig auf die Liebesbeziehung zwischen diesem Mann und Ihrer Mutter?
K.: Nein. Er hat immer probiert zu vermitteln, wenn ich mit meiner Mutter gestritten hab', und so hab' ich niemals das Gefühl gehabt, daß er zwischen uns steht.
F.: Haben Sie sich von ihm etwas sagen lassen?
K.: Ja, und zwar sicher deswegen, weil ich Angst vor ihm gehabt hab'. Er war so heftig und groß. Meine Eltern haben mit mir ge-

redet, wenn sie was wollten, und er hat mir befohlen. Das hat mich verschreckt.
F.: Vorm Vater haben Sie nie Angst gehabt?
K.: Nein.
F.: Wie diese Beziehung Ihrer Mutter zu Ende war – haben Sie da nicht eine Art zweite Scheidung erlebt?
K.: Nein. Ich war froh, daß er weg war. Bei ihm war es wie bei meinem Vater: Er war nur selten da, und er ist zuletzt immer seltener gekommen und dann einfach ausgeblieben.
F.: Hatten Sie jemals positive Beziehungen zu diesem Mann?
K.: Ja, als Kumpel war er ganz leinwand. Aber sonst! Es war viel harmonischer, wenn mein Bruder und meine Mutter alleine waren. Wenn er da war, hat er es nicht ertragen können, wenn nicht er der Mittelpunkt war, sondern daß wir eine Familie waren.
F.: Wann wurde Ihr Bruder geboren?
K.: Zum letzten Weihnachtsfest, das ich mit meinen Eltern gemeinsam verbracht habe. Das wird mir immer in Erinnerung bleiben, weil meine Mutter noch am 24. in die Klinik müssen hat. Ich hab' das sehr aufregend gefunden: Die Mutti hat mir das alles genau erklärt, hat mir Bücher gezeigt, und ich hab' das ganz einfach spannend gefunden und darauf gewartet, daß er kommt. Auch noch wie er da war: Ich bin sehr oft bei seinem Gitterbett gestanden und hab' ihn irrsinnig lieb gefunden und auch gerne mit ihm gespielt.
F.: Der Vater war also weg, und der Bruder war da?
K.: Nein, mein Vater ist erst zirka ein halbes Jahr darauf weg.
F.: Konnten Sie aus der Scheidung auch Vorteile ziehen?
K.: Ja. Absolut. Ich glaube zwar nicht, daß ich das früher so gesehen hätte, ich seh' es aber jetzt so. Was ich gelernt habe, ist, selbständig zu werden und nicht nur zu glauben, daß Pappi und Mammi immer da sind und sich auch stets liebhaben. Denn was ich so gesehen hab' bei den Eltern meiner Freundinnen – da hab' ich mir oft gedacht: Super, warum laßt ihr euch nicht scheiden? Für die war es ganz normal, nicht miteinander zu reden; meine Mutter daheim hat aber sehr wohl mit ihrem Freund gesprochen, ebenso mein Vater mit seiner Frau. Bei uns war eigentlich nie so eine Kommunikationslosigkeit, wie in den *„or-*

dentlichen" Familien, die ich kennengelernt hab'. Was es mir sicher noch gebracht hat, ist einfach das Leben, das ich jetzt führe. Wäre ich bei meinem Vater aufgewachsen, würde ich heute anders leben. Jetzt kann ich sagen, daß ich frei bin, was ich so unter Freiheit versteh', die ich mir geben und die ich mir nehmen kann. Ich bin zufrieden.

F.: Haben Sie jetzt einen Freund?
K.: Ja.
F.: Haben Sie relativ zeitig einen Freund gehabt?
K.: Na ja. Den ersten fixen Freund, mit dem ich über ein Jahr beisammen war, hatte ich mit 15. Mir ist übrigens aufgefallen, daß ich mich immer in Männer verliebt hab', die meinem Vater ähnlich sehen; so vom Typ her – ein Italienertyp mit dunkler Haut und dunklem Haar. Auch meinem Vater ist das aufgefallen, Mein jetziger Freund ist brünett und hat blaue Augen.
F.: Haben Sie mit Ihrer Mutter oft über Ihren Vater gesprochen?
K.: Sehr oft. Vor allem als ich gemerkt hab', es tut ihr nicht mehr so weh.
F.: Ihre Mutter hat doch die Scheidung betrieben. Wieso war sie da verletzt?
K.: Weil er sie betrogen hat, und sie ihm draufgekommen ist. Außerdem haben sie nicht zusammengepaßt. Sie war sicherlich verletzt aus dieser Enttäuschung heraus, einem Menschen zu vertrauen, mit ihm zusammenzusein und von ihm alleingelassen zu werden. Ich weiß noch, wie meine Mutter hochschwanger war mit meinem Bruder, und das war meinem Vater wurscht – er ist trotzdem weggefahren und war viel unterwegs. Meine Mutter ist dagegen so erzogen worden: Mann kriegen – heiraten – Kinder kriegen, vielleicht irgendwann wieder einmal nebenbei Beruf, aber sicher nicht so, wie sie jetzt lebt. Das hat auch sie sich erst erarbeiten müssen, und ich glaub', daß es sehr schmerzhaft ist, wenn man über 20 Jahre lang in einer gewissen Art und Weise und nach bestimmten Vorstellungen lebt und dann draufkommt: So geht es eigentlich nicht.
F.: Wie wurde über Ihren Vater daheim gesprochen?
K.: Am Anfang von meiner Mutter negativ. Das hat mich auch sehr gestört an ihr: daß sie nachtragend war und auch noch ist. Jetzt

fällt es mir nur nicht mehr so auf. Und wenn sie dann irgendwie sauer oder wütend war, dann ist das alles wieder aufgebrochen: wie böse, wie gekränkt und wie verletzt sie immer noch ist. In solchen Situationen hat sie negativ über meinen Vater gesprochen. Das hat mich irrsinnig getroffen, und ich war auch sehr unglücklich darüber, was ich ihr aber auch gesagt hab'. Mich hat das getroffen. Für mich war es klar, daß sie auch etwas dazu beigetragen hat, daß sie sich scheiden haben lassen. Mein Vater hingegen hat wirklich niemals auch nur ein negatives Wort über sie verloren! Gut, er hat zwar auch nicht in den positivsten Tönen von ihr geschwelgt, aber er hat gesagt, er habe viel falsch gemacht, und sie habe viel falsch gemacht, aber er hat sie nie so angegriffen wie sie ihn. Auch nicht ihr gegenüber: Es war oft so, daß er vergessen hat, mich abzuholen – das waren natürlich Dinge, die mir weh getan haben! –, und sie hat dann angerufen und ihn gefragt: „Wo bist du?" Und wenn sie daraufhin gestritten haben, hat sie ihm immer gesagt, was sie sich denkt, und er hat eigentlich nie den Mut dazu gehabt. Ich denke mir, da war auch sehr viel Feigheit dabei bei seinem Verhalten mir und dann auch ihr gegenüber.

F.: Welche Beziehung haben Sie zu Ihrer Stiefmutter?

K.: Am Anfang hab' ich sie ganz lieb gefunden und dann hab' ich sie überhaupt nicht mögen. Ich hab' dann mitgekriegt, daß sie ein irrsinnig feiner Kerl ist und hab' sie sehr bewundert, daß sie meinen Vater aushält. Sie kommt vom Land und war ebenso erzogen wie ursprünglich meine Mutter: Der Mann sagt halt immer, was passiert, und sie soll ruhig sein. Irgendwann hat sie aber auch zum „Selbstdenken" angefangen, und ab da hab' ich sie bewundert: Sie ist gar keine, die alles lächelnd hinnimmt, sie hat genauso ihren Knatsch und ihren Frust, sie verarbeitet ihn halt anders. Sie sind immer noch beisammen.

F.: Hat Sie Ihr Vater über Ihre Mutter ausgefragt?

K.: Nein.

F.: Und die Mutti? Wie war's beim Papa?

K.: Nein. Wenn sie etwas gefragt haben, hab' ich immer das Gefühl gehabt, daß sie es wirklich wissen wollen und nicht nur gefragt haben: Na, was war denn da?

F.: Sprechen Sie mit Ihrem Vater über Ihre Mutter?
K.: Also nein, mit meinem Vater eigentlich nicht.
F.: Haben Ihre Eltern noch Kontakt miteinander?
K.: Hauptsächlich durch meinen Bruder.
F.: Fällt Ihnen ad hoc noch etwas ein, das sie auf dem Herzen haben, wenn sie *Scheidung* hören?
K.: Ja, schon. *Scheidung,* das hat irgendwie bei den Leuten, die ich kennengelernt hab' und die erfahren haben, daß ich ein Scheidungskind bin, einen Stempel. Das hat mich immer gestört: Scheidungskind, zack! Du bist sofort in einer Schublade drinnen: komplexbeladen, gestört punkto Männer, als Mann wahrscheinlich gestört punkto Frauen; das ist mir allmählich angestanden. Ich hab' das nie so empfunden! Wenn ich jetzt zurückschau, muß ich sagen, bin ich wirklich froh, daß sich meine Eltern haben scheiden lassen. Ich find' es echt gut, und ich kann meine Mutter voll und ganz verstehen. Ich kann auch meinen Vater verstehen, denn offensichtlich ist meine Mutter sehr intellektuell, und mein Vater eher der Sportler und hat mit Kunst und Literatur ganz wenig am Hut – im Gegenteil zu meiner Mutter. Das waren sicherlich auch zwei Punkte: Sie geht gerne in Konzerte und ins Theater, er geht lieber Wildwasser fahren. Aber was mich wirklich wahnsinnig geärgert hat, ist eben dieses: Du bist ein Scheidungskind. Wie hältst du das aus? Ganz am Anfang, wie ich sieben, acht Jahre alt war, haben viele Freundinnen gesagt, sie könnten sich nicht vorstellen, mit geschiedenen Eltern leben zu müssen. Sicher ist eine Scheidung ein Schock für das Kind, und es braucht lange, ihn zu verarbeiten. Ich hab' bestimmt ein wahnsinniges Glück gehabt, weil ich immer Leute hatte, mit denen ich darüber reden konnte. Es gibt Scheidungskinder, die das nicht haben. Und denen geht es vielleicht nicht so gut wie mir, die kommen vielleicht nicht so gut drüber hinweg. Ich sag' auch nicht, daß ich heute hundertprozentig darüber hinweg bin. Es gibt immer noch Situationen, in denen ich daran zurückdenke und mir sage: Diese Familie Mutter-Vater-Kind hab' ich nie so richtig gehabt, so wie ich 's mir vorstell'. Und das tut mir manchmal ziemlich leid und auch sehr weh. Ich bin aber trotzdem positiv eingestellt. Das find' ich

wichtig: daß wir *Scheidung* nicht mit einem großen Minuszeichen davor schreiben.
F.: Sie haben es jetzt selbst gesagt: „Natürlich war für mich die Scheidung ein Schock!" Wenn ich das aufgreife und das Wort *Schock* sage: Was assoziieren Sie dazu?
K.: Unsicherheit. Angst.
F.: Wenn Sie sagen *Angst:* Was assoziieren Sie dazu?
K.: (Pause) Gar nichts. Ich sag' aber trotzdem, daß es gut war. Ich hab' viel darüber nachgedacht, und hab' sicherlich durch meine Mutter einen ganz anderen Zugang dazu gekriegt. So sind bei mir zu Hause sehr viele Psychologiebücher herumgestanden. Mit denen hab' ich mich beschäftigt. Wie ich die gelesen hab', ist mir sehr viel klargeworden. Wenn man daran arbeitet, ein Scheidungskind zu sein, und wenn man das lernen kann, kommt man auf vieles drauf. Ich weiß jetzt sehr viele Dinge von mir, wo ich sagen muß: *Da hast du jetzt einen Hieb, und vielleicht hängt der mit der Scheidung zusammen.* Ich kann jetzt kein konkretes Beispiel nennen – vielleicht werd' ich es nie ändern können, aber ich weiß es, und das ist für mich schon sehr wichtig. Jetzt fällt es mir ein – ich hab' es eh schon erwähnt: Wenn jemand streitet, krieg' ich wirklich Panikgefühle. Das ist ein echtes körperliches Unwohlsein. Da ist sicherlich viel Angst dabei. Ich hab' auch eine Art Verlassenheitsangst: So dauert es ziemlich lange, bis ich jemandem absolut vertraue. Wenn dann etwas passiert, und mein Vertrauen enttäuscht ist und ich verletzt bin, dann zieh' ich mich sofort zurück. Es dauert lange, bis ich wieder näherkommen kann. Das rührt sicher von der Scheidung her. Warum, weiß ich nicht. Es ist der Schock von damals: Man vertraut den Eltern, und auf einmal tun die etwas, womit man nicht rechnet. Die Eltern sind da, sie kümmern sich um dich, sie bringen das Essen und sie sind lieb zu dir, und auf einmal trennt sich das. Und ich denk' mir schon, daß man sich als Kind dann fragt: Na super, und was passiert jetzt? Jetzt ist auf einmal diese Wand, dieses Behütende auseinander. Und eigentlich haben sie ja in gewissem Maße *mein* Vertrauen mißbraucht, weil ich ihnen ja vertraut hab', daß sie immer da sind, daß sie immer auf mich schauen. Und auf einmal war das nicht so. Und

es hat sicher sehr lange gedauert, bis ich wirklich absolut offen mit beiden hab' reden können.

F.: Tragen Sie eigentlich ihren Eltern oder einem der beiden das nach?

K.: Also wenn, dann meinem Vater. Aber jetzt auch nicht mehr so. Jetzt denke ich mir: Okay, er ist so, und ich kann halt mit seiner Art schwer etwas anfangen, die Mutti hat 's vielleicht auch nicht können, weiß ich nicht. Ich versuch' halt zu akzeptieren, daß er ist, wie er ist; es fällt ihm sehr schwer zu akzeptieren, daß ich bin, wie ich bin. Vor zirka zwei Jahren hab' ich ihm sicher noch mehr nachgetragen.

F.: Zum Schluß noch eine Ad-hoc-Assoziation: Sie sagen mir sofort, was Ihnen nach Hören des Begriffes dazu einfällt! Ehe ...

K.: ... Krieg.

F.: Werden Sie heiraten wollen?

K.: Nein. Aber nicht wegen meiner Eltern! Ich find', man kann genausogut zusammenleben ohne Trauschein und ohne Ehering.

F: Werden Sie ein Kind wollen?

K.: Ja.

F: Wie schaut das dann aus? Keine Familie? Kind schon?

K.: Wenn ich mit einem Mann zusammenziehen sollte, bräuchte ich ein Zimmer in der Wohnung für mich allein. Ich hab' auch immer von klein an ein eigenes Zimmer gehabt. Dann möchte ich sicher noch daneben eine eigene Wohnung haben, klein, vielleicht nur ein Zimmer, aber ich will in aller Freundschaft zu meinem Freund, zu dem Mann meiner Kinder sagen können: Du, ich hab' jetzt die Nase voll, ich möchte zwei, drei Tage weggehen. Das ist für mich der Wunschtraum einer Beziehung: daß ich das auch wirklich sagen kann, und er nicht gleich glaubt, ich lieb' ihn nicht mehr.

F.: Was halten Sie von Treue?

K.: Ja, es ist schön, wenn 's geht. Aber ich glaub' eigentlich nicht dran. Ich glaub' an die seelisch-soziale Treue, aber sicherlich nicht an die sexuelle.

F.: Die würden Sie auch selbst nicht einhalten wollen?

K.: Das kann ich nicht so sagen. Ich mein', ich renn' nicht mit dem Vorsatz herum, ich muß sexuell untreu sein.

F.: Finden Sie es richtig, daß sich Ihre Mutter hat scheiden lassen, weil sie Ihrem Vater auf Untreue draufgekommen ist?
K.: Ich glaub', daß es nicht nur das war. Das war das, was sie mir am Anfang erzählt hat, und was ich am ehesten akzeptieren, verstehen und nachvollziehen konnte. Meine Mutter hat aber eines nie gemacht: versucht, mich zu beeinflussen. Auch mein Vater hat es mir gelassen: einfach frei zu entscheiden, was ich denke, und das auch auszusprechen. Lieber ehrlich sein und miteinander reden, als den Mund zu halten und alles vor sich selbst zu vertuschen. Das haben mir sicherlich *beide* mitgegeben.

„... das Kind in seinen Armen war tot"
(Goethe: Erlkönig)

KINDER ERLEBEN IHRE ELTERN
(Die folgenden zwei Kapitel stützen sich zum Teil
auf die Untersuchungen von Helmuth Figdor.)

*Der Rückgriff auf eigene Erfahrungen
ist nur beschränkt möglich.*
Andreas Rett in: Verstehen und erziehen, von Strauch/Zwettler

Unter *Psychodynamik* wird in der Psychologie *„das Kräftegeschehen im seelisch-geistigen Bereich"* verstanden. *„Es ist für alle pädagogischen und therapeutischen Maßnahmen ... wichtig"*, weiß das Lexikon der Psychologie von *Arnold, Eysenck und Meili*. Im Klartext bedeutet dies die Summe all jener psychischen Spannungen, unter denen ein Mensch aufgrund der oft auftretenden Widersprüche zwischen seinem eigenen Wollen und dem fremden Sollen steht. Je älter der Mensch – sollte man zumindest glauben –, desto leichter müßte ihm der Ausgleich zwischen den diametralen Ansprüchen fallen. Sicherlich richtig ist hingegen, daß ein junger Mensch, ein Kind also, die Spannungen zwischen Wollen und Sollen permanent erlebt und diese, je älter es wird, immer deutlicher verspürt. In einer intakten Mit- oder Umwelt *lernt es freilich,* diese Widersprüche zu lösen und einen *Modus vivendi* (eine Art zu leben) zu finden, diese gegensätzlichen Interessen in praktizierbaren und erfolgreichen Entscheidungen zu verschmelzen. In einem Elternhaus freilich, in dem das Kind beständig widersprüchliche Sollensansprüche erlebt und auch in seiner Willensbildung keine einheitlichen Richtlinien erfährt, wird es unter dem zerrenden Kräftespiel in seiner Psyche, durch das beständige Hin-und-hergerissen-Werden zu leiden beginnen.

Seine Psychodynamik wird gestört. Deutliche Symptome wie Konzentrationsstörungen und geringes Selbstvertrauen deuten auf den Psychostreß des Kindes hin. Aber auch Kooperationsbereitschaft, Liebenswürdigkeit und karitative Engagements sind typische Verhaltensmuster, die üblicherweise *niemals* als Hinweise auf nicht aufgearbeitete psychische Probleme aufgefaßt würden. Freilich ist es ein weitverbreiteter Fehler psychologisch ungeschulter Eltern und Erzieher, aus dem Fehlen *deutlicher Symptome* (siehe oben) auch auf das Nicht-Vorhandensein von Psychostreß zu schließen. Uneinheitliche, divergente Erziehung hat *immer* Psychostreß zur Folge. Alle oben aufgeführten Symptome können aber auf Sehnsucht nach mehr Zuwendung eines Elternteils (etwa des Vaters) zurückgeführt werden und gleichermaßen auf Aggression gegen den anderen (die Mutter), von der das Kind annimmt, sie trage Schuld an der Zuwendungsregression des Vaters. Aggressionen gegen eine bestimmte Person – im Sinne der bei uns verbreiteten Erziehung als „böse" bewertet –, können aber durch ein vorgeblich liebevolles, konfliktfreies Verhältnis überlagert, ja verschüttet sein. Der Psychoanalytiker nennt das eine *Reaktionsbildung:* Aggressionen werden bewältigt, indem man Konflikten ausweicht und übertriebene Hilfsbereitschaft zur Schau trägt: Hilfsbereite werden mit einem Minimum an Konflikten konfrontiert sein und daher niemals aggressiv sein müssen. Wer diese Aggression aber in sich verspürt (und sie durch seine Reaktionen „nur" verdrängt hat), wird dem Druck des Verdrängten irgendwann einmal nachgeben müssen – sogenannten psychosomatischen Krankheiten ist dabei Tür und Tor geöffnet; Migräneanfälle haben oft ihre Ursache in solchen verdrängten seelischen Belastungen.

Aggressionsverdrängung kann sich aber auch ganz anders äußern: Wer Aggression scheut, kann Konflikten auch geistig aus dem Weg gehen. Ein üblicher Zugang zu solcher – geistiger – Konfliktscheue sind Konzentrationsstörungen und Lernunwilligkeit; Lernen bedeutet immer auch Konflikt: Ich soll etwas wissen und weiß es noch nicht! Die verdrängte Aggressionsenergie muß aber abgebaut werden: Wer trotz Mühe um Konfliktfreiheit die Aggression in sich verspürt, sich ihrer schämt (weil nicht sein kann, was nicht sein darf!), richtet die Aggressionsenergie mitunter gegen sich selbst und gerät in Depressionen. Wird eine Neigung zu depressivem Verhalten durch die aufkommende Pubertät noch verstärkt, ist eine Störung zu beobachten.

Konfliktbewältigung

Der gesunde Mensch, das Kind in der gesunden Familie lernt relativ rasch und leicht, mit seinen beständigen Konflikten fertig zu werden, jedenfalls relativ problemlos, solange aus *einem Verzicht keine unmittelbare Gefährdung erfolgt.* Steht eine solche bevor und ist der Verzicht dennoch nicht möglich, ist die seelische Störung perfekt. Ein solcher unmöglicher Verzicht tritt immer dann ein, wenn die Abhängigkeit des Kindes von seinen Eltern mit ins Spiel kommt, wenn also seine vitalen Interessen betroffen sind. Jedes Kind spürt instinktiv (es „weiß" es unbewußt) seine totale Abhängigkeit von seinen Eltern. Es tut daher alles, sich der Zuwendung seiner Eltern zu versichern, um in seinem unmittelbaren Überleben nicht gefährdet zu sein. Dabei tut es nicht unbedingt das, was seine Eltern *wollen,* sondern das, was es *glaubt* zur Aufrechterhaltung der Zuwendung seitens seiner Eltern machen zu *sollen.* Dieses Sollen, das, weil es ums Vitale des Kindes geht, zum Müssen wird, steht dem Wollen des Kindes, seinen Trieben vielfach entgegen: Aggressionen, die jedes Kind hat, natürlich gegen seine unmittelbar Nächsten, den Vater und die Mutter also, glaubt das Kind nicht ausleben zu dürfen – es hat die strafenden Reaktionen seiner Eltern schon mehrfach erfahren. Also werden Strafe hervorrufende (vom kindlichen Trieb gesteuerte) Handlungen gemieden und *verdrängt. Ins Unbewußte.*

Sie sind damit nicht weg, sondern nur woanders. Dort rumoren sie und suchen sich erneut Bahn. Auf direktem Weg (Aggression gegen den Vater oder die Mutter macht ja Angst vor der Strafe und dem drohenden Liebesentzug!) darf es nicht mehr sein; also kommt es zur *Verschiebung* der Aggression auf eine andere Person oder ein Objekt. Dabei bezeichnet man in der Psychoanalyse mit „Objekt" das Ziel der *libidinösen* (der sinnlichen) und der aggressiven Wünsche eines Subjektes. Das sind zumeist Personen, mit denen das Subjekt (das Kind) in Beziehung steht, es können aber auch nur einzelne Körperteile, charakterliche Eigenheiten der Bezugsperson, Tiere, bestimmte Situationen, gewöhnliche Handlungen, auch jedes x-beliebige Ding sein. Wenn die eigene Person zum Objekt wird, spricht man von *Narzißmus,* der sich als Selbstliebe oder Selbsthaß äußern kann. Letzterer mündet dann bisweilen in Depressionen.

Hat man ein Objekt für seine Strebungen gefunden, stellt man sich von ihm ein Bild *(imago)* her, das subjektiv ist und bewußte und unbewußte Vorstellungen umfaßt, also der objektiven Realität nicht entspricht. Zu dem so vorgestellten Objekt *(Objektrepräsentanz)* baut das Subjekt nun in seiner Phantasie eine Beziehung *(Objektbeziehung)* auf, in der es naturgemäß auch zu einem Bild von sich selbst kommt *(Selbstrepräsentanz)*. Subjekt und Objekt geraten zusehends in eine imaginierte Beziehung, aus der sie sich selbst nicht mehr befreien können.

Die Mutter-Kind- oder Vater-Kind-Beziehung sind solche Objektbeziehungen, in denen Mutter und Vater jeweils ein Objekt repräsentieren, zu dem sich das Kind als Subjekt so und nicht anders sieht.

Die „gute" und die „böse" Mutter

Andere Ventile des ins Unbewußte verschobenen Aggressionstriebes wären die *Verkehrung* des Wunsches in sein Gegenteil, die *Verleugnung* der Realität, die Auf-*Spaltung* der ursprünglichen Einheit einer Person (des Vaters, der Mutter) in eine „gute" und eine „böse" Seite, die dann je nach Belieben auf andere Menschen *verschoben* werden: Es kommt zur Herausbildung der Meinung von „guten" und „bösen" Menschen. Als wichtiges Ventil für verdrängte Wünsche wirkt dann noch die *Projektion,* in deren Verlauf eigene Wünsche und Ängste auf andere Personen übertragen werden. All diese Aspekte der unbewußten *Konfliktabwehr* in Form von *Kompromissen* nannte Sigmund Freud *Abwehrmechanismen*. In ihrem Kleid darf das Kind relativ ungeahndet und unbestraft, angstfrei also, seine ins Unbewußte verschobenen Triebe und Interessen aus-, eigentlich aber nur unbefriedigend und scheibchenweise ableben. Man nennt dies *neurotische Befriedigung.* Ersatzbefriedigung ist aber niemals echte Befriedigung: Das Angstmachende bleibt in seinem Ansatz bestehen und verfolgt das Kind bis in seine Pubertät und später bis ins Erwachsenenleben.

Kinder, denen das Ausleben ihrer Ängste im Elternhaus verboten wird, schleppen diese als *neurotisches Leid* bis ins Erwachsenenalter mit. Dort kommt es in mancherlei Verkleidung zum Ausdruck:

seien es irrationale Ängste, seien es Depressionen, zwanghafte Handlungen, eingebildete (hysterische) körperliche Unpäßlichkeiten *(Molière:* „Der eingebildete Kranke"), sexuelle Störungen, Unsicherheiten, mangelndes Selbstbewußtsein und ähnliches mehr.

Eltern wissen in der Regel gar nicht, was sie mit ihrem Verhalten ihrem Kind gegenüber anrichten (können). Die eben geschilderten Mechanismen der Konfliktabwehr sind schon in einem intakten Elternhaus schwer in den Griff zu kriegen oder zu vermeiden; um wieviel mehr kommen sie in einem gestörten Elternhaus zum Tragen.

Zwei Drittel der Ehen sind als „gestört" zu betrachten.

Dazu Helmut Figdor: „Konflikte zwischen den Bedürfnissen und Ansprüchen der Kinder an ihre Eltern einerseits und den Wünschen und Forderungen der Eltern gegenüber ihren Kindern andererseits gehören zum erzieherischen Alltag. Kinder sind ... meist darauf angewiesen, sie (ihre Bedürfnisse) von den Erwachsenen befriedigt zu erhalten. Es gehört zu den schwierigsten Aufgaben im Leben von Vätern und Müttern zu erkennen, wie eingeschränkt sie dazu imstande und wieviel Frustrationen sie den Kindern zu bereiten gezwungen sind." (S. 61) Er fährt fort: „Unter günstigen Umständen aber wird es den Eltern einigermaßen gelingen, jene unvermeidlichen Grenzen zu realisieren und die Kinder trotzdem ihre Liebe spüren zu lassen." (S. 62)

Der Stolpersteine sind es bis zu jener angestrebten erfolgreichen Liebe gar viele: Es sind jene Ursachen, die das Kind (zer)stören und all jene Verhaltensauffälligkeiten grundieren, unter denen es später zu leiden beginnen wird – Scheidung jetzt her oder hin. Freilich: Erfolgt die Scheidung, werden vielfach bislang nicht aufgebrochene Schäden akut. *Angelegt* sind sie aber schon früher worden; und hätte man sie zeitgerecht vermieden, wäre es – möglicherweise – gar nicht zur Scheidung gekommen. Denn nach dem *Bild* der Psychoanalyse vom Menschen ist der Vater zumindest genauso wichtig für die Individuation des Kindes wie die Mutter. Figdor nennt diese notwendige und üblicherweise funktionierende Dreierbeziehung *Triangulierung.*

Die Mutter-Kind-Symbiose

Natürlich ist das erste „Objekt" eines Kindes im Zuge seines Individuationsprozesses seine Mutter. Wir müssen allerdings berücksichtigen, daß ein Neugeborenes noch überhaupt keine Objektivierung vornehmen kann: Es lebt die erste Zeit in der ungebrochenen Einheit von Ich und Welt, ja diese potentielle Trennung ist noch nicht einmal da. Ein Säugling weiß nicht zwischen „sich" und „anderem" zu unterscheiden. Ob Mutterbrust oder „eigener" Mund – „beide" sind ununterschiedlich eins. Für das Baby gibt es nur eines: Wohlsein. Für den beobachtenden Psychoanalytiker bedeutet dies in den ersten drei, vier Lebensmonaten des Säuglings die klassische *Mutter-Kind-Symbiose*. In ihrem Funktionieren liegt das Urvertrauen begründet, jene Gewißheit des Menschen, in einer von ihm prinzipiell handhabbaren Welt zu leben. Wird dieses Urvertrauen nicht angelegt, schleppt der später erwachsene Mensch sein Leben lang ein gestörtes Verhältnis zu seiner Rolle in dieser Welt mit sich herum: Seine Umwelt scheint ihm prinzipiell feindlich.

Mütter, die in den ersten Lebensmonaten ihrem Kind nicht diese Illusion der „einen" Welt geben, tragen letztlich die Verantwortung für spätere Störungen. In einem normalen Umfeld und einer normalen Mutter-Kind-Beziehung sorgt der „Mutterinstinkt" ohnedies für das Funktionieren dieser Symbiotik. Bei unerwünschten Kindern, bei Kindern, deren Vater man ablehnt, oder bei streßerzeugenden Ehesituationen können hier die ersten Fehler gemacht werden.

Die orale Phase

Die Illusion der Einheit der Welt zerbricht natürlich für den Säugling recht bald und soll das auch: Der Ablösungsprozeß von der Mutter kulminiert etwa im dritten Lebensjahr des Kleinkindes. Jetzt ist das Kind erst *psychisch geboren:* Sein Ich hat sich von der Mutter abgelöst und beginnt als *eigenes Subjekt* zu existieren. Die Welt hat sich in ein „Innen" und „Außen" geteilt, wobei das „Innen" dem eigenen Wollen gehorcht, und das „Außen" sich diesem mitunter sehr beharrlich sperrt.

Dieses Auseinanderfallen der Einheit der Welt erfolgt allmählich und meist zwischen dem 6. und 8. Monat: am Körper und Verhalten der Mutter, die sich so allmählich zur ersten Person im Leben des Kindes entwickelt. Nur dieses *Objekt liebt* das Kind – wenn mit „lieben" ausschließliche Zuneigung gemeint ist. Daher *fremdet es* gegenüber anderen Objekten: dem Vater zum Beispiel. Er ängstigt es. Man spricht daher auch von der *Achtmonatsangst. Das* Kind, das sich eben mühsam im Zuge seiner psychischen Entwicklung endlich *eine* Person zurechterlebt hat, *erwartet* nur das Auftauchen dieses einen Objektes, von dem es mehrheitlich Angenehmes und Lustvolles erlebt hat.

Ob es tatsächlich *mehrheitlich* Angenehmes und Lustvolles von jenem Objekt erfahren hat, das es später einmal als „Mutter" bezeichnen wird, hängt vom Verhalten eben dieser Mutter ab. Überwiegt das Unangenehme, Unlustvolle, wird das Kind traumatisiert, es bleibt in der *oralen Phase* hängen, bzw. sehnt sich sein Unbewußtsein nach *oraler Befriedigung,* weil ihm diese versagt geblieben ist.

Nach Freud und seinen Epigonen kann Fixierung und spätere Regression auf diese orale Phase „zu Manie, Depression, ... zu Süchtigkeiten, Organneurosen (psychosomatischen Erkrankungen), zu Impulsneurosen (psychopathischen Persönlichkeitsmerkmalen) und zu Hypochondrie (führen). Statt spezifischer neurotischer Symptome kann auch eine Veränderung der Persönlichkeit, der *Oral-Charakter,* entstehen. Zu seinen Merkmalen zählen Passivität und Abhängigkeit, Bedürfnis nach Fürsorge, nach Kontakten um jeden Preis und nach ihm bedingungslos entgegengebrachter Liebe, ferner egozentrische Empfindlichkeit. Auch eine Neigung zum Poltern oder Betteln um Aufmerksamkeit zählen dazu". (Arnold, Eysenck, Meili)

Was hat es mit dieser *oralen Phase* nun aber wirklich auf sich? Sie stellt – wieder nach Freud – die erste sinnliche und – weil angenehme – somit auch erotische, sexuelle Erfahrung des Kindes dar. Der Mundraum ist in diesem Sinne die erste *erogene Zone,* die das Kind als solche erfährt. Das angenehme Gefühl, das ihm die Schleimhäute des Mundes durch das Saugen an der Mutterbrust (oder dem Schnuller) vermitteln, wird zur Voraussetzung für den angestrebten Entspannungszustand des Kindes: sein wohliges Einschlafen. Freilich sind es nicht nur die primär oralen Empfindungen des Kindes, die ihm sein Wohlbefinden auslösen; vielmehr kommen auch alle Begleitempfindungen dazu: der Geruch der Mutter, ihre Körperwärme, ihre (hoffentlich) sanfte Stimme, ihr Herzschlag, den es ja schon aus der Zeit im Mutterleib „kennt", und schließlich die Art und Weise, wie das Kind von der Mutter beim Stillen gehalten wird.

Wonnesaugen und Urraum

Weiß man um diese Mehrdimensionalität des *Wonnesaugen* genannten ersten „Sexualempfindens" des Kindes nicht oder beachtet man sie aus Streß- oder Ignoranzgründen nicht, kommt es unweigerlich zu irreparablen psychischen Störungen des Kindes. Diese können aber auch bei durchaus bemühten Müttern (Eltern) verursacht werden: Wenn zum Beispiel beim Stillen nur auf den Akt des Trinkens geachtet wird, alle damit parallel einhergehenden Empfindungen des Kindes aber unberücksichtigt bleiben. Der übliche Erziehungsfehler liegt dabei im beständigen „Abfüttern" des Kindes, wenn dieses nur die geringste Unmuts-(Unlust-)Äußerung von sich gibt und dann aber vielleicht nur zum Ausdruck bringen möchte, am Schnuller nuckeln oder die Mutter riechen zu wollen. Dabei „schießt" dem Säugling sein jeweiliges Lustbedürfnis ein, wie auch uns Erwachsenen; Lustgefühle haben *ihre* Zeit, nicht *wir* bestimmen ihr Auftreten. Wir Erwachsenen können solche unmittelbar aufwallenden Lustbedürfnisse allerdings leidlich kontrollieren; meist kommt es dabei zu ihrem Unterdrücken, Wegschieben oder zu einer Ersatzhandlung. Der Säugling kann das alles nicht: Er will seinen Schnuller jetzt – und nicht dann, wenn die Mutter ihn ihm in den Mund steckt.

Später wird der Daumen zum Ersatz der gewünschten oralen Befriedigung, es kann auch der Polsterzipf sein, die damit zu *unverzichtbaren Voraussetzungen* zum seligen Wonnezustand (dem zufriedenen Einschlafen) werden. Einschlafen ist aber immer verbunden mit dem gleichzeitigen Verlust der Umwelt – und das ist in dieser Zeit fast ausschließlich die Mutter, die ursprünglich der Quell aller Wonne ist. Alles, was in den Mund eingeführt werden kann, um den angestrebten Wonnezustand herbeizuführen, wird auf diese

Weise zum Mutterersatz. Der Mund, die Mundhöhle wird zum *Urraum* des Kindes, mit dem es sich Welt *verschafft*. Welterfahrung erhält auf diesem Weg daher immer auch einen sexuellen Aspekt. Das Entdecken der Welt (Abenteuerlust) wird daher von der Psychoanalyse auch als Verschiebung der *libidinösen* Energie auf die Objekte des Draußen gesehen – eine gesunde, natürliche, notwendige Entwicklung im Individuationsprozeß des Kindes, der nur dann reibungslos zur Ausbildung kommen kann, wenn die erotischen Bedürfnisse des Kindes auch ordentlich befriedigt werden. Was hier alles falsch gemacht werden kann, braucht nicht erst aufgezählt werden: Dreht sich doch im ersten Jahr alles um die orale Befriedigung. Mütter, denen das Stillen „lästig" ist, wissen gar nicht, was sie ihrem Kind antun und vorenthalten.

Dazu wieder Figdor: „Die Geburt eines Kindes verändert das Leben der Eltern in einschneidender Weise, ganz besonders, wenn es sich um das erste Kind handelt. Und diese Veränderungen sind oft anders oder größer, als die Eltern sich vorstellten. Oder sie hatten die eigene Fähigkeit, die Verzichte zu ertragen, die ein Baby aufnötigt, überschätzt." Ein besonders häufiger Fall ist laut Figdor ein junges Elternpaar, das durch die Geburt eines Kindes von einer eben erst überwundenen Abhängigkeit – von den Eltern – in eine neue – vom Baby – hineingerät. „Das Kind läßt die Eltern dann ihre fortgesetzte Unfreiheit spüren, und das kann zu Auflehnung, Wut und Aktivierung von Ablösetendenzen und -konflikten ... führen. Da im Normalfall Elternliebe und Gewissen das Kind schützen, zum Objekt unmittelbarer Aggression zu werden, verschiebt sich die Unzufriedenheit leicht auf die Partnerschaft. Gereiztheit ... und unbewußte Schuldzuweisungen ... verschlechtern das Eheklima." Väter ziehen sich als Reaktion darauf oft nach und nach von der Familie zurück, sie konzentrieren sich verstärkt auf Beruf- und Freundeskreis, „was zur Folge hat, daß zur Frustration der Mutter nun noch das Gefühl hinzukommt, gerade dann vom Mann im Stich gelassen zu werden, wenn sie seine Unterstützung am nötigsten bräuchte." (S. 78)

Der Keim für die spätere Scheidung der Ehepartner und für die orale Störung des Kindes sind untrennbar verwoben.

Die anale Phase

Die an die orale Phase anschließende *anale Phase* in der Entwicklung des Kindes birgt da nicht viel weniger Möglichkeiten für Erziehungsfehler. Hat das Kind bisher seinen Mund als primären Lustquell erfahren, entdeckt es ab dem zweiten Lebensjahr den After als solchen. Das angenehme Gefühl beim Austritt des Darminhaltes, verbunden mit der Erfahrung, ihn Zurückhalten und Auslassen zu können, führt zum Interesse des Kindes an dem, was es „produzieren" kann. Der Stuhl wird daher als Teil des eigenen Körpers erlebt, mit dem nach Lust und Laune umgegangen werden kann – und auch will. Gleichzeitig erfährt das Kind, daß es ganz alleine Macht über seinen Kot hat – und nicht etwa die Mutter. Da die Schließmuskelkontrolle erst etwa ab einem Lebensalter von zweieinhalb Jahren problemlos wird, wird jeder Eingriff der Eltern in die Lustempfindungen des Kindes bei seiner Stuhlentleerung problematisch. Mütter, die das automatische Abklingen des Interesses ihres Kindes an seinem Kot nicht geduldig abwarten und es vorzeitig auf den Topf zwingen, seine Lust an der Entleerung überdies mit Geboten und Verboten belegen („Kacki ist pfui!") und dem Kind damit seine Lust erstmals als schlecht suggerieren, *verbrechen* an ihrem Kind Ungeahntes. Vor allem *frustrieren* sie es und fordern damit ihr Kind ungewollt dazu auf, den unweigerlichen Konflikt, unter dem es in seiner *Wiederannäherungsphase* zur Mutter in dieser Zeit leidet, auf das Gebiet der Reinlichkeit zu verschieben. Damit wird der Anus zu *dem* Kampfmittel des Kindes im Ringen um sein Selbst. Trägt die Mutter im Kampf um den Analbereich den Sieg davon, wird das Kind seine analen Triebbefriedigungswünsche mit Angstgefühlen besetzen und verdrängen. Im späteren Leben kommt es bei Adolszenten oder Erwachsenen zu *zwangsneurotischen Erscheinungen* und *Charakteren*.

Die *Zwangsneurose* „ist eine psychische Störung, in der der Betroffene eine bestimmte Handlung zwanghaft wiederholt oder sich bestimmter zwanghaft wiederkehrender Gedanken oder Vorstellungen nicht erwehren kann ... Die *Zwangshandlungen* können im Zählen bestimmter Dinge, im Prüfen, ob man Türen abgesperrt hat, usw. bestehen. Auch gewisse Aberglaubensrituale, wie auf Holz klopfen, etwas nicht verschreien, Freitage oder die Zahl 13 vermeiden, gehören als milde und relativ verbreitete Symptome in diesen Krankheitsbereich. – *Zwangsgedanken* können Vorstellungen von einem Unheil, vom Tode einer geliebten Person, von Unglücksfällen, von Mordäußerungen usw. betreffen. – *Zwangscharakter* ist eine unspezifische, aber die gesamte Persönlichkeit erfassende Bereitschaft zu Zwangshandlungen, zu übertriebener Ordnung, zu Geiz und Neid, zu Mißgunst und liebloser Machtausübung bzw. zu erfolgloser Präokkupation mit Gedanken einer solchen Machtausübung." Soweit dazu Arnold, Eysenck und Meili im „Lexikon der Psychologie".

Die Vaterbeziehung

Im Laufe des zweiten Lebensjahres erweitert sich die Welt des Kindes auch rein räumlich: Mit dem Gehenlernen kann sich das Kind an Objekte seines Begehrs heranmachen, mit seiner Fähigkeit, sich verständlich zu artikulieren, kann es jetzt sogar Objekte sprachlich fordern. Das Kind richtet sein Interesse auf die nun durch die eigenen Fähigkeiten erweiterte Welt und löst sich damit vom alleinigen Objekt Mutter ab. Hat das Kind nach der Phase des Fremdelns auch eine positive Beziehung zum Vater aufbauen können und auch an seiner Person etwas seines (über-)lebensnotwendigen Urvertrauens verankern können, wird sich die starke Bindung an die Mutter lösen und einer ersten Selbständigkeit weichen.

Es ist genau jene Phase in der psychischen Entwicklung des Kindes, in der es für eine funktionierende Dreierbeziehung den Grundstein legt. Ist der Vater genauso präsent wie die Mutter, lernt das Kind quasi in der Phase des Fremdelns den Vater als „zweite Mutter" von der „ersten" zu unterscheiden – und belegt sein Erscheinen mit dem „Mutter-Imago", also all jenen Erfahrungen und Wahrnehmungen, die es im Laufe seines bisherigen Lebens an und mit dem Bild der Mutter gemacht hat. Übernimmt der Vater (oder die Oma) dabei auch die mütterlichen Aufgaben, wird die ursprüngliche Mutterfixierung auch auf den Vater (oder die Oma) übertragen. Die Mutter kann also durchaus „ersetzt" werden. Erst so gegen Ende des zweiten Lebensjahres lernt das Kind, die unterschiedlichen Personen mit den ihnen „eigenen" Eigenschaften (und -heiten) zu besetzen und damit umzugehen. Der Vater wird zu einem eigenen Objekt. Und wenn Mutter und Vater gemeinsam auftreten, werden sie zu einem *dritten Objekt*. Diese Gemeinsamkeit des dritten Objektes ist nun für das Kind überaus wichtig: Denn gibt es Schwierigkeiten mit dem einen Objekt (der Mutter etwa), ist in der Gemeinsamkeit *beider Eltern* als drittem Objekt der Vater immer als Gegen-(oder besser: Gleich-)gewicht zur Stelle; das Kind kann seine Liebe seinem Vater geben – seine Wut (seinen Frust) auf die Mutter kann es dabei *ausleben*. Fehlt der Vater, gerät das Kind bei Wut- oder Frustgefühlen gegen die Mutter in existenzbedrohende innere Konflikte: Es ist von ihr abhängig, darf sie also nicht hassen (auf sie wütend sein), gleichzeitig liebt es sie im Moment der Aggression aber tatsächlich nicht. Ist ein Vater da, kann die Aggression ungestraft ausgelebt werden und dabei noch die Erfahrung der Loslösung *(Unabhängigkeit)* von der Mutter gemacht und erlebt werden.

Was in diesem komplexen Dreierritual alles schieflaufen kann (und im Falle von Geschiedenen alles schiefgelaufen ist), wird Betroffenen vielleicht erst jetzt beim Bewußtwerden der lebenswichtigen Funktion des störungsfreien Erlernens des konfliktfreien Umgehenkönnens mit den Eltern klar. Das Kind muß seine ambivalenten Gefühle ausleben können – erst eine funktionierende Dreierbeziehung verschafft ihm die Möglichkeit dazu.

Eifersüchtige Mütter, die das Hinwenden ihres Kindes zu einem dritten (dem Vater oder die Oma) aus einer eigenen kindlichen Störung nicht aushalten, verbiegen ihr eigenes Kind gleich ebenso: Wer eifersüchtig über die Liebe seines Kindes wacht, nimmt ihm das straffreie Umgehen mit negativen Gefühlen.

Die Wiederannäherung

Nehmen wir an, die Objektbeziehung zu beiden Eltern wird störungsfrei erlernt. Damit erlebt das Kind eine enorme Freiheit, eine Art Allmacht. Es kann mit sich, den Objekten und der Welt nach Belieben umgehen, wenn nicht die wichtigsten Objekte dieser Welt, die Eltern, dieser Allmacht ziemlich rigide entgegenträten. Der herumkrabbelnde Sprößling darf natürlich nicht alles, was er möchte. Moderne (kleine) (Gemeindebau-)Wohnungen, vollgeräumt mit Konsumgütern wollen bewahrt sein. Ein „Nein" muß ihm auch entgegengesetzt werden, wenn das Kleine partout nicht einsehen will, daß man im fünften Stock nicht aufs Fensterbrett eines geöffneten Fensters klettern darf.

Erfahrung macht bekanntlich klug, und die bleibt auch dem Eineinhalbjährigen nicht erspart: Frustriert von so vielen negativen Erfahrungen wendet es sich zur Mutter zurück; dort ist es – erfahrungsgemäß – besser aufgehoben. Die Psychoanalyse spricht von *Wiederannäherungsphase*. Diese ist für das Kind freilich nicht problemlos und konfliktfrei: Einerseits erinnert es sich, daß seine Mutter die einzige, alles befriedigende Welt war (die Philosophen sprechen von *Unmittelbarkeit*, der Mythos nennt es *„Paradies")*, andererseits weiß es bereits, daß diese Mutter „nur" eine der Personen ist, die es im Zuge der Dreierbeziehung schon kennengelernt hat. Da seine Mutter als *Person* aber auch Verbote ausspricht, ist ihre absolute Güte perdu: In der ungebrochenen einen Welt der Symbiose gab es ja kein „Nein". Eine „Nein"-sagende Mutter wird daher zur „bösen" Mutter; und diese Mutter sagt jetzt sehr oft „nein". Das enttäuscht das Kind, und da es Enttäuschungen (= Konflikte) – noch – nicht ertragen kann, wird der eigene Frust auf das Objekt (die Mutter) projiziert: Das Kind erfährt die Welt gespalten. Die sonst gute Mutter erscheint plötzlich „böse". Das Kind will aber eine gute Mutter haben! Der Konflikt (die Aggression), eine gute Mutter haben zu wollen, aber eine böse vorzufinden, stößt das Kind unmittelbar in ein Dilemma: Ist die Mutter nun böse oder gut? Oder bin ich böse oder gut? Diese verworrene Situation löst das Kind, indem es die es umgebenden Objekte als böse, feindlich, ungeheuerlich empfindet – inklusive Mutter. Diese „böse" Mutter frißt aber das Kind gar nicht auf, ja, obwohl das Kind seine Affekte und Ängste und Aggressionen auf die Mutter projiziert, antwortet diese – üblicherweise – gütig, tröstend und voll Liebe. Auf diese Weise erlebt das Kind – wenn die Mutter liebevoll reagiert! – endgültig die Trennung in Subjekt und Objekt: Beide verhalten und benehmen sich unterschiedlich. Und zwar konstant. Man spricht daher auch von diesem Erleben des Kindes als der *emotionellen Objektkonstanz*. Das Kind – es wird jetzt etwa drei Jahre alt geworden sein – hat gelernt, daß seine Mutter auch dann gut bleibt, wenn sie ihm etwas vorenthält, was es gerne möchte. Mehr noch! Das Kind hat gelernt, daß ein und dieselbe Person einmal „gut" und einmal „böse" reagieren kann, ja, das Kind hat erfahren, daß es selbst „gut" und „böse" reagieren darf, *ohne daß es fürchten müßte, die Gunst dieser Person zu verlieren.*

Dieser Lernprozeß erfolgt aber nur, wenn die Mutter ihrem Kind diese permanente Liebesgewißheit vermitteln kann! Wehe, wenn sie dies nicht tut und das Kind seine Fähigkeit zu diesen *ambivalenten Beziehungen zu* einem an und für sich konstanten Objekt nicht ausbilden kann. Der Erwerb dieser Fähigkeit wird ihm etwa vorenthalten, wenn die Eltern diesen tiefen seelischen Zwist des Kindes nicht erkennen und sein ambivalentes emotionales Verhalten als „launisch" interpretieren, das „gebrochen" werden müsse. Die „Laune" eines Kindes zu brechen heißt aber nur, das Aggressionspotential des Kindes zu steigern, was es selbst wieder nur durch das bewährte Hilfsmittel der Projektion und Spaltung abfangen kann. Anstatt diese Wahnwelt des Kindes durch vermehrte (konstante) Liebe zu durchbrechen, wird durch den (autoritären) Kampf der Eltern (den sie freilich immer gewinnen müssen, weil sie ja die stärkeren sind!) gegen die „Launen" des Kindes diese nur zementiert: Die Trennung von Objekt und Subjekt als wesentlichster Schritt in der Individuation des Kindes wird verzögert oder simpel hintangehalten; das Kind kann sein Selbst nicht entdecken; es bleibt in der *vorambivalenten Objektwahrnehmung* stecken und gelangt nicht zur *ambivalenten Objektrepräsentanz.*

Die frühe genitale Phase

Im Laufe des dritten Lebensjahres fällt den Kindern der Unterschied zwischen Buben und Mädchen auf und wird ihnen, gemeinsam mit der Frage nach der eigenen Herkunft, zum Problem. Man sagt den Kleinen meist doch wahrheitsgetreu, daß sie aus dem Bauch der Mutter stammen. Wie aber sind sie dort heraus- oder gar hineingekommen? Die entsprechende Körperöffnung der Mutter ist ja nicht sichtbar, und so erschöpft sich das „Wissen" der Kinder auf das Haben des Penis bei Buben und sein Nicht-Haben bei Mädchen. Die

Habenerfahrung ist aber die früheste eines jeden Kindes, und nicht haben bedeutet immer Frust und Wunschversagung Der vielfach falsch zitierte Freudsche *Penisneid* ist hier angesiedelt: Er ist „die vorübergehende Reaktion des Mädchens ... auf die Entdeckung des anatomischen Geschlechtsunterschiedes von Knabe und Mädchen. Das Mädchen und auch der Knabe neigen in ihrer kindlichen Wahrnehmung dazu, das weibliche Sexualorgan als etwas Unvollständiges aufzufassen". (Lexikon der Psychologie) Für dieses Vorenthalten-worden-Sein des Penis macht das Mädchen, da es ja „aus der Mutter kommt", diese dafür verantwortlich. Wie verhält es sich angesichts dieser psychoanalytischen Sicht der Dinge, daß (nur kleine?) Buben Mädchen (später: Frauen) als minderwertig betrachten? Ist für eine solche Sicht wirklich nur die Erziehung verantwortlich? Sie kann jedenfalls zurechtgerückt werden, indem man die Kinder aufrecht und offen auf die wahren Geschlechtsunterschiede hinweist und ihnen erklärt, daß die Frauen nicht etwas „nicht" haben, sondern im Gegenteil viel mehr haben als die Buben: ein Organ im Bauch nämlich, das Kinder wachsen läßt. Unterbleibt dies, wird der erste Grundstein für das spätere Denken in *Ungleichwertigkeiten* von Mann und Frau gelegt oder gefestigt – zum Vorteil des Mannes. Erfährt das Kind bei miesen Ehen das auch noch auf andere Art und Weise – Dominanz des Vaters, Unterwürfigkeit der Mutter etwa –, ist die Psyche des Kindes auch schon in Richtung des patriarchalischen Denkens verbogen. Beim Mädchen können „im Falle traumatischer Einwirkung auf das Kind in dieser Phase ... der Aufbau einer realistischeren Vorstellung vom anatomischen Geschlechtsunterschied und von der Rolle der Geschlechter unter Umständen verzögert, Eifersucht und Konkurrenzhaltung gegenüber Männern erhalten und Störungen der sexuellen Empfänglichkeit der Frau ... entwickelt werden". (Arnold, Eysenck, Meili)

Wieder zeigt es sich, daß so manche Ursache für die spätere Scheidung schon sehr früh angelegt ist und die daraus erfolgende psychische Störung des Kindes ebenso. Dies beginnt bei frühkindlichen Eßstörungen (wenn das falsch „aufgeklärte" Mädchen etwa eine Schwangerschaft bei sich verursachen oder verhindern möchte) oder bei Verdauungsproblemen, wenn etwa durch das Zurückhalten des Darminhaltes mit dem Zurückhalten eines Kindes phantasiert wird. Die bekannteste diesbezügliche Störung der Kleinen ist aber ihre Kastrationsangst. Buben fürchten um ihr „Mehr" gegenüber den Mädchen, Mädchen fürchten sich, nach dem „Verlust des Penis" auch noch andere Körperteile zu verlieren. Die Kastrationsangst tritt in der frühen genitalen Phase des Kindes auf, ist aber eine der mildesten infantilen Ängste. Gesellen sich zur Kastrationsangst noch andere Entwicklungsstörungen in der genitalen Phase, kann sich diese Angst als *Kastrationskomplex* bis ins Erwachsenenalter halten und dort in neurotischen Störungen äußern: unzureichende Liebesfähigkeit, Angst vor dem anderen Geschlecht, Potenzstörungen beim Mann, Frigidität der Frau und Perversionen können direkte Folgen der Kastrationsangst sein.

Die ödipale Phase

Dieser, von Freud *frühe genitale* oder auch *ödipale Phase* genannte Lebensabschnitt des Kindes tritt etwa um das vierte oder fünfte Lebensjahr auf. Jetzt wendet sich das Interesse des Kindes auf seine eigenen Genitalien, es beginnt sie bewußt zu be-greifen, erfährt dabei Lust *(Autostimulation)* und bekundet erstes Interesse an Kontakten zu andersgeschlechtlichen Personen, in erster Linie also zum andersgeschlechtlichen Elternteil. „Der Knabe schätzt nunmehr die Mutter nicht nur als Person, die ihn versorgt und Forderungen stellt, sondern auch als Frau. Er prahlt mit seiner entdeckten ‚Männlichkeit' [phallische Phase], beansprucht seine Mutter für sich und kommt dadurch mit seinem Vater in Konflikt. Das Mädchen schätzt die Mutter weiterhin als versorgende und auch Ansprüche stellende und Anforderungen erfüllende Person, muß sich aber mit dem erwachenden heterosexuellen Interesse an den Vater wenden ... und kommt damit mit der Mutter in Konflikt." (aus: Lexikon der Psychologie)

Wie löst das Kind diesen Konflikt? „Durch teilweise Verdrängung der sexuellen Interessen am andersgeschlechtlichen Elternteil und durch Identifikation mit dem gleichgeschlechtlichen Elternteil." (ebendort) Diese Verdrängung und Identifikation gelingt dem Mädchen üblicherweise schlechter als dem Knaben – es bleibt stärker an den Vater gebunden. Dafür bleibt der Knabe stärker an die Mutter gebunden („Muttersöhnchen"). Warum? Weil er seine Bindung an sein primäres Liebesobjekt, die Mutter, in seiner ersten genitalen Phase nicht aufgeben muß, sondern das gleiche Objekt nun auch noch sexuell begehrt. Gleichzeitig rivalisiert er mit seinem Vater um ihre Gunst. Dies äußert sich in Beseitigungswünschen gegenüber dem Vater, der sich, in der aus Angst vor diesen verbotenen Gedanken geborenen Phantasie des Knaben, mit der Kastration des kleinen Nebenbuhlers rächen könnte. So zumindest die Theorie Freuds. Um der drohenden Kastration zu entgehen, identifiziert sich der Sohn mit dem Vater, ahmt ihn nach, schlüpft etwa in seine Hausschuhe und prahlt mit der eben erst an sich selbst entdeckten Männlichkeit.

Wird diese ödipale Phase in ihrem Ausagieren gestört (durch das Verbot des Spielens oder Prahlens mit dem „Spatzi" etwa durch Eifersucht des Vaters auf den die Mutter okkupierenden Sohn oder durch Zurückweisung des Mädchens durch den angehimmelten Papa), kommt es zur Fixierung oder späterer Regression auf diese niemals ausgelebte und damit abgeschlossene Entwicklungsphase – oft gerade zu jenem Zeitpunkt, an dem sich die Eltern endgültig auseinandergelebt haben und sich scheiden lassen. Verhaltensauffälligkeiten, die der Scheidung zugeschoben werden, haben ihre Gründe in weit zurückliegender Zeit.

Ausdrucksformen der niemals abgeschlossenen ödipalen Phase können nun sein: Angsthysterien (situationsinadäquate Ängste) und Phobien, also das abnorme Fürchten vor Objekten oder Situationen, die normalerweise nicht als angstauslösend gelten, wie vor Haustieren oder vor Aufzügen, auch die Angst vorm Fliegen gehört hierher; ebenso können Schulängste, Partyphobien, Klaustro- (Angst vor geschlossenen Räumen) und Agoraphobien (Angst, offene Plätze zu überqueren) auf eine unausgelebte ödipale Phase zurückgeführt werden. Auch Konversionshysterien drücken sich in körperlichen Symptomen aus, die auf einen psychischen Konflikt zurückzuführen sind: krampfartige Anfälle, motorische Lähmungen, Wein- oder Schreikrämpfe, die allerdings stets nur vor anderen Personen auftreten(!). Homosexualität *kann* (!) in einer ödipalen Störung ihre Wurzeln haben. Impotenz und Potenzstörungen beim Mann werden ebenfalls auf solche unglückliche frühkindliche Erfahrungen zurückgeführt; Frigidität, also die Unfähigkeit der Frau, sexuelle Befriedigung zu erleben, oder Vaginismus (krampfartiges Zusammenziehen der Vaginalmuskeln, so daß der Penis nicht ein- oder nicht mehr ausgeführt werden kann) bei der Frau werden ebenfalls auf den fehlverarbeiteten Penisneid der Frau zurückgeführt. „Statt spezifischer neurotischer Symptome kann es auch zu einer Charakterveränderung kommen, zur *hysterischen Persönlichkeit*. Diese neigt mehr als andere Menschen dazu, soziale Situationen als sexuelle Versuchssituationen aufzufassen, ihr Interesse in verworrener und unaufrichtig wirkender Form zu befriedigen oder über Gebühr mit Angst und Abwehr zu reagieren." (Arnold, Eysenck, Meili) *Casanova* und *Don Juan* sind hier anzusiedeln, notorische „Aufreißer-Typen", gefühlskalte, männerhassende Frauen („Emanzen") ebenso. Aber auch Schulphobien gehören in dieses Symptomensyndrom. Helmuth Figdor dazu: „Ein nicht geringer Teil der frühen Schulschwierigkeiten von Kindern haben ihren tieferen Grund in der Übertragung nicht hinreichend gelöster ödipaler Konflikte auf den Lehrer, die Mitschüler oder die Institution." (S. 111)

Allgemein kann somit gesagt werden, daß die ödipale Phase und die gelungene Überwindung des Ödipuskomplexes die Kinder befähigt, den Generationsunterschied zu akzeptieren: weil das Identifizieren mit dem gleichgeschlechtlichen Elternteil eine neue Qualität der Liebesbeziehung bedeutet. Die Liebe wird nicht mehr als Symbiose mit der Mutter erlebt, sondern als *„Verzicht auf eine, dem körperlichen und sozialen Entwicklungsstand ... unangemessene, sexuelle Beziehung des Mädchens mit dem Vater bzw. des Buben mit der Mutter"*. (Figdor) Diese Identifizierung ermöglicht den Kindern auch, „die narzißtische Kränkung über die eigene erotische Minderwertigkeit wettzumachen". (ebenda) Es ist das erste Mal, daß das Kind seine Konflikte wirklich als innere erlebt und damit das Selbst festigt und nicht mehr, wie bisher üblich, alles Belastende auf äußere Objekte projiziert. Die – geschlechtliche – Identität des Kindes festigt sich; es ist reif geworden für die Forderungen des *Überich*.

„...nein, meine Suppe eß' ich nicht"
(aus: Der Suppenkaspar)

FEHLERHAFTE DREIERBEZIEHUNGEN

*Die Verbindung von Liebe und Disziplin
in denselben Personen, Mutter und Vater,
schafft eine emotional aufgeladene Atmosphäre,
in der das Kind ... lernt.*
Christopher Lasch

Wir haben den Aufbau einer funktionierenden Dreierbeziehung als einen (vielleicht sogar: den) wesentlichen Meilenstein auf dem Weg zur Individuation des Kindes kennengelernt. Vor allem ist uns bewußtgeworden, daß der neuhinzugekommene Vater im noch raren Beziehungsgeflecht des Kleinkindes eine wichtige Entlastungsfunktion für die Strapazen und Ängste, die dem Kleinen seine *Wiederannäherungsphase an* seine Mutter bereitet, einnimmt. Dabei spielt vor allem jene Erfahrung des Kleinkindes eine eminente Rolle, daß es erlebt, wie der Vater mit der Mutter kommuniziert, *ohne daß es selbst dabei mittut.* Dies dürfte ein wesentlicher Schlüssel zum Entwickeln des Selbst des Kindes sein: Es erfährt seine Herauslösung aus der Symbiose mit der Mutter nicht nur durch seine von uns schon erwähnte Entdeckungsphase, sondern *auch* durch das Agieren dieses ebenfalls entdeckten zweiten Objektes, des Vaters nämlich. Erfolgt dieses Agieren des neuentdeckten Vaters mit der schon altbekannten Mutter harmonisch, voll Liebe und sozusagen *vor-bildlich* für das Kind (vor allem also angstfrei und behütend), verliert das Kind dadurch ein Gutteil seiner Urangst im Zuges seiner Wiederannäherungsphase zur Mutter. Diese Urangst äußert sich stets in Synonymen des Verschlungenwerdens, da das Kind einerseits seine Autonomie betreibt, andererseits zur schützenden, bewährten Mutter zurück möchte, die aber seine eben erst entdeckte Selbständigkeit „verschlingt": ein Konflikt, den das Kind nur widersprüchlich erleben kann. Einmal erscheint ihm die Mutter

„gut" (wenn es sich vor der Welt fürchtet), einmal „böse" (wenn es sich vor dem Verschlungenwerden fürchtet).

Dieses tiefenpsychologische Modell ist jedem Erzieher, Psychologen und Philosophen als „Trotzphase" längstens bekannt. Die Kinder wollen in ihrem seelischen Konflikt, der ihnen Unlust bereitet, die „gute" Mutter sozusagen beständig hervorrufen und beantworten den Nichterhalt der erbettelten Zuwendung mit Strampfen, Schreien, Weinen, Trotzen. Die völlig fassungslose Mutter, die nicht weiß, warum ihr Kind wegen Nichtigkeiten zu toben beginnt, schmeißt die Nerven weg und wird – böse: genau das, was das Kind vermeiden wollte. Gegen diese „böse" Mutter kämpft das Kind noch mehr an (es will ja seine „gute"), und dieses gegenseitige Mißverstehen schaukelt sich auf bis zum Malheur der selbst nun zornigen und lieblosen Mutter, die sich von ihrem Kind abwendet, es wegsperrt oder gar schlägt.

Da wird der Vater als der Retter aus höchster Not entdeckt. Mit ihm hat das Kind ja bisher weder eine symbiotische Beziehung, noch einen Wegwende-, noch einen Rückkehrprozeß erlebt; der Vater als neues Objekt ist quasi unbefleckt, rein, konfliktfrei. Ist für das Kind der Konflikt mit seiner Mutter zu arg, kann es sich nun zum Vater wenden, der für das Kind einerseits „Welt", andererseits „Geborgenheit" im mütterlichen Sinn bedeutet, ohne mit der Angst vor dem *Verschlungenwerden* besetzt zu sein.

Der Vater *hilft* dem Kind auf diese Weise, seinen Weg zurück zur Mutter zu erleichtern und sich von der Mutter mit der Zeit nicht mehr ein doppeltes Bild „gut"–„böse", sondern ein *konstantes* einheitliches zu bilden; ein wesentlicher Schritt zur Individuation des Kindes ist hiemit geschafft: Es entwickelt ein konstantes Bild von der Mutter, vom Vater – und erfährt sich obendrein als ein von den beiden losgelöstes, getrenntes Etwas, als ein *Selbst* oder ein *Ich*.

Für philosophisch Interessierte: Das Ich ist die Art und Weise, wie sich das Selbst als Bewußtsein verwirklicht.

Erst wenn diese Dreierbeziehung angelegt ist, kann sich das Kind zur ödipalen Phase weiterentwickeln.

Wenn der Vater nicht da ist

Was aber passiert, wenn diese frühe Triangulierung danebengeht? Wenn kein Vater da ist? Wenn Vater und Mutter nicht konfliktfrei miteinander umgehen und nicht Liebe dem Kind vorleben? Was ist, wenn die Mutter nicht zuläßt, daß sich das Kind von ihr ablöst, und es egoistisch an sich bindet? Was ist, wenn die Mutter das Kind zwar in seiner *Übungsphase* „auf Entdeckungsreise" gehen hat lassen, aber verstört und frustriert reagiert, wenn es wieder zur ihr zurück möchte und die Wiederannäherungsphase als Entwicklungsstopp oder gar Regression mißversteht?

All diese Fehler passieren weit eher, als sie vermieden werden! Das Karenzjahr dauert nur ein Jahr, besonders im zweiten und dritten Lebensjahr benötigt das Kind die Zuwendung der Mutter *und* des Vaters! Die Väter arbeiten vielfach in die Nacht oder kommen spät nach Hause (wenn das Kind schon schläft) oder ziehen sich in ihr Arbeitszimmer oder stumm und abweisend hinter den Fernseher zurück. „Am Abend kommen die Eltern müde nach Hause und wollen ihre Ruhe. Sie sind nicht bereit, mit dem Kind zu leben, ihre Kräfte sind erschöpft. Die Kinder erleben ihre Eltern nicht mehr als arbeitende, sondern als müde Menschen", schreibt Anneliese Fuchs. (S. 40) Und sie zeichnet ein bedrückendes Bild: „Ist der Vater z. B. ein Trinker, schlägt die Mutter, verbraucht mehr Geld, als er nach Hause bringt, schlägt die Kinder, so haben es die Söhne in diesem Familiensystem schwer. Sie können sich nicht mit dem negativ erlebten Vater identifizieren." Denn: „Im großen Familiensystem war nun die Möglichkeit der Ersatzidentifikation *systemintern* gegeben. Dies bedeutet, daß die Wahrscheinlichkeit sehr hoch war, daß ein anderer Erwachsener – ohne daß es ihm bewußt wurde – diese Vorbildfunktion für das Kind übernommen hat und sich der junge Mensch an ihm orientieren konnte." (S. 42) Wie soll das Kind da eine erfolgreiche Dreierbeziehung aufbauen? Mütter sind in dieser Zeit doppelt gereizt: Die anale Phase und das Gemurks mit der Reinlichkeitserziehung stressen die Mutter bis zum Exzeß; Trotzphase des Kindes und kommunikationsunwilliger Vater bringen das Faß zum Überlaufen.

Vielleicht ist auch schon ein zweites Kind unterwegs oder gar schon angekommen! Mehr Streß und ungünstigere Voraussetzungen für eine erfolgreiche Dreierbeziehung kann ein Zweieinhalbjähriges gar nicht vorfinden. Die junge Familie ist im Aufbau begriffen, Vater macht Überstunden, Mutter ist halbtagsbeschäftigt, die sittende Schwiegermutter treibt Keile in die brüchige Ehe – oder der betroffene Elternteil glaubt, diese Keile zu verspüren.

Erfolgreiche Dreierbeziehungen kommen heute in Kleinfamilien kaum mehr vor. Es ist dies eine glatte Absage an die heute herrschende Form der Familienstruktur und an den gesellschaftlichen Trend, die Frau ins Berufsleben integrieren *und gleichzeitig Kinder zu wollen*.

Mehrere Formen von Fehlentwicklungen (die fast ausschließlich bei den Eltern später auch die Scheidung zeitigen) gehen auf diese schiefgelaufene Familienbeziehung zurück. Sie äußern sich in neurotischen Symptomen bei den Kindern *und* bei den Eltern und sind immer eine Folge einer unabgeschlossenen Individuation des Kindes *und* einer gestörten Beziehung der Eltern zueinander. Können die Eltern nicht miteinander kommunizieren, lernt auch das Kind nicht, mit zwei Objekten gleichzeitig zurechtzukommen, sondern wendet sich stets nur einem zu: entweder dem Vater (wenn der Vater zwar lieb zum Kind, nicht aber zur Mutter ist) oder zur Mutter, wenn der Vater nicht verfügbar ist. Beide Arten von Zuwendungen sind aber nicht reife, durch die Beziehung zum jeweils anderen Elternteil gestützte, sondern neurotische, unreife, kranke. In ihnen ist es nicht zur Individuation des Kindes gekommen, sondern das Kind ist in einer pseudosymbiotischen Beziehung zur Mutter verblieben oder zu einer reifen nur zum Vater, wenn ihm dieser Ersatzmutter gewesen ist, gelangt. Auf jeden Fall ist etwas im wahren Sinne des Wortes „schief" gelaufen: Die Beziehungen zu Vater und Mutter sind nicht gleichwertig, sondern in ihrer Ausreifung unterschiedlich, schief eben. Dabei kommt es weniger auf die permanente Anwesenheit des Vaters an, als vielmehr auf eine warme, unterstützende Beziehung des Vaters zum Jungen.

Die aggressive Dreierbeziehung

Ist ein Schieflaufen der Dreierbeziehung schon ein Malheur, ist eine aggressive Dreierbeziehung eine Katastrophe. Vielfach lieben die Eltern einander in der Streßzeit des Aufbaues einer Dreierbeziehung durch das Kind nicht nur nicht mehr, sondern gehen aggressiv miteinander um oder gar aufeinander los. Für Kinder bedeutet Abwesenheit von Liebe immer Aggression – wir kennen das aus der Dichotomie von „guter" und „böser" Mutter. Vorgelebte Aggression, also *manifeste*, muß das Kind noch weit mehr ängstigen als die dumpf erlebte und durch verschiedene Abwehrmechanismen gehandhabte eigene, innere.

Ist es der Vater, der auf die Mutter des Kindes seine Aggressionen manifest auslebt, so kommt es dabei zu einer tiefenpsychologisch recht interessanten, von Nicht-Psychoanalytikern vielleicht kaum erwarteten Reaktion des Kindes: Es identifiziert sich unbewußt mit dem aggressiven Vater und kompensiert so die eigenen Aggressionen auf die Mutter – freilich nur auf die „böse" Mutter. Das Kind erlebt nur die halbe Mutter – die "gute", während es die „böse", die es in seiner *Wiederannäherungsphase* verschlingen wollende, vom Vater dafür bestrafen „läßt." So schlecht, so häufig. Zur totalen Katastrophe für Mutter und Kind wird eine solche aggressive Dreierbeziehung nach dem Wegscheiden des Vaters: Das Kind verliert seinen „Rächer" und muß nun selbst hassen – die Mutter natürlich, nicht den Vater. Reihenweise fassungslose Mütter, die nicht verstehen können, daß das Kind jetzt, wo der Peiniger der Familie doch weg ist, die „befreite" Mutter mit Aggressionen überschütten, anstatt „erleichtert" und „froh" zu sein, den „Tyrannen" los zu sein.

Noch „paradoxer" (für den Nicht-Psychoanalytiker!) wird die Reaktion des Kindes, wenn der Vater in seinen Aggressionen zu weit geht. Jetzt beginnt das Kind zu fühlen, daß der Vater das Maß (des Kindes!), seine Mutter für die verweigerte Wiederannäherung zu bestrafen, überschreitet. In der Phantasie des Kindes muß das auch die Mutter so sehen, und so beginnt es sich vor der Rache der Mutter zu fürchten, die ja „wissen muß", daß das Kind sich heimlich über die Schläge, die sie abkriegt, freut. Das Kind befreit sich von dieser tiefsitzenden Angst, indem es sich *noch* mehr mit dem Vater identifiziert. Verläßt ein solcher Vater dann (endlich) die Familie, reagiert das Kind aggressiv gegen die Mutter (nach dem obigen Modell), *aber auch gegen den Vater*. Der hat ja das Kind jetzt alleine mit der Mutter gelassen – und dieses fürchtet sich nun vor ihrer

„Rache", da die Mutter ja „wissen" wird, daß es sich vorher mit dem Vater identifiziert hatte. Fast scheint es, daß es immer die Mütter sind, die das Nachsehen haben und das (doppelte) Leid: Sie leiden unter der Scheidung, dem Weggang des Mannes und unter der hilflosen Wut ihrer Kinder.

Narzißmus und neurotische Ängste

Das Kind und vor allem seine Reaktionen auf Vater und Mutter sind freilich nie so exakt zu bestimmen. Das Geflecht der Dreiecksbeziehung Mutter-Vater-Kind ist so komplex, daß wirklich jeder Einzelfall von einem *Fachmann* untersucht werden muß, welche Auswirkungen welche Konstellation nun wirklich hat. Die mißlungene Dreierbeziehung ist da so ein spezieller Sonderfall: Es kann nämlich durchaus auch vorkommen, daß das Kind den aggressiven Vater sich als Vorbild nimmt, um sich von der Mutter emanzipieren zu können! Die ausgelebte Aggression gegen die Mutter ist nun das probate Mittel, die Ängste vor dem Wiederverschmelzen mit der Mutter abzuwehren. Erfolgt auf die unbefriedigende Lösung der Dreierbeziehung diese Reaktion, hemmt das vom Vater übernommene Aggressionsverhalten gegenüber der Mutter naturgemäß die Ablösung des Kindes von der Mutter und seine Individuation. Die Aggression gegen die Mutter erfolgt nicht aus Angst vor der „bösen" Mutter, sondern aus narzißtischer Befriedigung, was sich auch im Genuß des Kindes, die Mutter zu beherrschen, ja gar abzuwerten, äußert.

Unter *Narzißmus* versteht man dabei „die Tendenz der Menschen ..., auf die (eigenen) Taten und körperlichen Attribute unverhältnismäßig viel Wert zu legen ... Sigmund Freud nahm an, daß das Ich ein anderes Individuum als Liebesobjekt auswählt, kann aber ... zeitweise sich selbst zum Liebesobjekt machen." (Lexikon der Psychologie) Narzißtische Befriedigung liegt also vor, wenn jemand seine eigenen Taten (übermäßig) liebt. Im oben geschilderten Falle wehrt das Kind seine Ängste vor der Wiederannäherung an die Mutter durch eigene Aggression ab und erfährt dabei Macht und Autonomie, die es ja in dieser Phase auch anstrebt. Das angenehme Gefühl, das dabei auftritt, wird auch in späteren Situationen *erinnert,* in denen es um Selbstbehauptung geht.

Diese Form der Aggression ist, weil sie der *Abwehr* der *neurotischen* Angst dient, ebenfalls eine *neurotische*. Die normale Aggression ist dagegen die Antwort auf eine Gefahr aus der Außenwelt, die *objektive Angst* erzeugt, während die *neurotische Angst* (nach Freud, 1936) eine ist, die von inneren Impulsen herrührt, also etwa vor dem „Verschlungenwerden" durch die Mutter. Wer aber gelernt hat, auf Autoritäts- und Autonomieprobleme neurotisch zu reagieren, erleidet eine gehörige Portion Wirklichkeitsverlust und bleibt auf einer unreifen Stufe seiner Objektbeziehungsentwicklung stecken – sein ganzes Leben lang.

Wenn in einem solchen Fall der Vater durch Scheidung verlustig geht, wird sich das aggressive Verhalten des Kindes gegen die Mutter auch nach der Scheidung nicht sehr ändern; das Kind erscheint der Mutter als gegen die Scheidung resistent und ungerührt. Das mag auch tatsächlich so sein; der Weggang des Vaters aus der Familie hat aber dennoch – negative – Auswirkungen auf das Kind, auch wenn die Mutter diese leugnet: Das Kind hat jetzt kaum mehr Möglichkeiten (durch ein eventuell verändertes Verhalten des Vaters nämlich) seine neurotische Aggression abzulegen und umzulernen. Der falsche Lerninhalt (Neurose) bleibt.

Der Vater als Mutterersatz

Zur totalen Katastrophe kommt es, wenn der Vater in der mißlungenen Dreierbeziehung zum Mutterersatz geworden ist, das Kind sich also – durch Fehlverhalten der Mutter während der Wiederannäherungsphase ihres Kindes und die sich daraus permanent ergebenden Frustrationen für das Kind – all das beim Vater holt, was ihm die Mutter nicht gibt oder geben will. Dies wird oft bei „ehrgeizigen" Müttern beobachtet, die nicht verstehen wollen oder können, daß sich ihr doch ach schon so „reifes" und lernbegieriges Kind wieder in den Mutterschoß zurücksehnt. Wenn der Vater diese Wiederannäherungswünsche des Kindes aufnimmt, lernt das Kind mit der Zeit auch, sich mit seinen Bedürfnissen nach der „guten" Mutter an den Vater zu wenden – außerdem erscheint ein solcher Vater nie so „böse" wie die Mutter, da ja mit dem Vater (im Zuge der erst neuentdeckten Dreierbeziehung) keine so massiven Ängste assoziiert werden.

Für Nicht-Psychoanalytiker klingt dies wie ein unschätzbarer Vorteil; nach dem Hypothesennetz Freuds freilich nicht. Dem Kind geht mit der Hinwendung zum Vater eine wesentliche Phase seiner *gesunden* psychischen Entwicklung verloren: die des mühsamen Erkennens nämlich, daß seine Mutter von der scheinbar in „gut" und „böse" geteilten *in eine einzige, einheitliche, vom Kind getrennte Person* (Objekt) verwandelt wird. Ersetzt das Kind diese Person durch den Vater, überwindet es zwar problemlos am Vater den „bösen" Mutterteil, *verliert* damit aber auch den „guten" Mutter„teil". Der Vater wird zum Ersatz*objekt,* die Mutter verliert auch ihre „gute" Objekt*repräsentanz.* Was passiert, wenn sich ein solcher Vater scheiden läßt, ist leicht abzusehen: Das Kind verliert eigentlich gar nicht seinen Vater, sondern – bezogen auf die Psyche des Kindes! – seine *Mutter!* Und dies gleich zum zweiten Mal, da es sie das erste Mal bereits durch seine Hinwendung zum Vater verloren hatte. Was ein solches Kind empfindet, kann man sich nur mit blühender Phantasie vorstellen und wird noch immer nicht die Ängste und Verzweiflung des betroffenen Kindes umgreifen können: Tiefenpsychologisch wird durch das Weggehen des Vaters (der Ersatzmutter) nun das Kind gezwungen, verspätet (und ebenfalls zum zweiten Mal) eine Wiederannäherungsphase zu versuchen: diesmal bei der leiblichen Mutter. Die hat dabei aber schon beim ersten Mal versagt und wird jetzt, unter dem Druck der Scheidung, aller Voraussicht nach auch nicht viel einfühlender reagieren.

Kastrationen und Traumata

Erfolgt die Scheidung wenn das Kind zirka sechs Jahre alt ist, ist die Zeit der frühen Dreierbeziehung und der ödipalen Phase vorbei und leider oft schiefgelaufen. Wird, wie im letzten Beispiel angeführt, der Vater zum Mutterersatz, werden sich sowohl Buben als auch Mädchen verstärkt an den Vater klammern: Die Buben werden sich mit dem Vater identifizieren, die Mädchen in ödipaler Liebe dem Vater ergeben. Verläßt in dieser Zeit der Vater die Familie, ist das für die Kinder katastrophal: Die Buben verlieren mit ihrem Identifikationsobjekt gleichzeitig ein Stück *ihres Ichs,* und zwar den starken Teil, den mächtigen und damit auch den wesentlichen Teil *ihrer Identität.* Sie bleiben *kastriert* auf der Strecke. Der Sohn bleibt durch den Weggang des vergötterten Vaters – er war durch die fehlgelaufene Dreierbeziehung der schwachen Persönlichkeit des Filius eine notwendige Stütze! – mit seiner absoluten Schwäche plötzlich mit seiner ungeliebten Mutter allein und, im wahren Sinne des Wortes, *übrig!* Überdies muß das Gefühl der tatsächlichen psychischen Kastration in der Psyche des Sohnes auch noch die Angst mobilisieren, die unbewußten ödipalen Wünsche *gegen* den Vater hätten sich nun *(durch die Schuld des Sohnes!)* bewahrheitet. Der Sohn ist also nicht nur kastriert, sondern auch noch in einer Schuldohnmacht verstrickt, die in ihm totale Verzweiflung hochkommen läßt. Angst überwältigt das Kind, jetzt (erst recht) von der Mutter verschlungen zu werden. Auf solche Wahnideen kann das Kind nur mehr mit der weiter oben schon angerissenen Palette der neurotischen Symptome reagieren.

Es ist durch die Scheidung traumatisiert, die Gründe liegen aber Jahre zurück.

Nach Freud wird eine schmerzhafte Erfahrung nur dann zu einem Trauma, wenn diese Erfahrung bleibende Veränderungen in der Umgebung des Betroffenen zeitigt. Bei psychischen Traumata handelt es sich meistens um Verluste von Motivbefriedigungsmöglichkeiten, wie sie in der Familie oft durch Objektbesetzungen (Investition libidinöser Energie in ein Objekt der Erfahrung) vorkommen. Traumata „lösen einen Angst-Agressionszustand aus, der nur entweder durch aggressive Rückgewinnung der bedrohten Befriedigungsmöglichkeiten oder durch die Einrichtung von inneren Abwehrmechanismen und den schließlichen Verzicht auf die Befriedigungsmöglichkeiten beendet werden kann". (Lexikon)

Penisneid als erlebte Kastration

Mädchen reagieren auf weggehende Väter, die ihnen Mutterersatz waren, ebenfalls traumatisch. Die Psychoanalyse gibt dafür freilich eine andere Verkettung von Ursachen und Wirkungen an: Versagt die Mutter in der Wiederannäherungsphase des Mädchens, und fängt der Vater die Hinwendung des Kindes auf, wird der Vater zum primären Liebesobjekt (Objektersatz, Mutter-*Substitut*). Geht ein solcher Vater, bleibt ein frustriertes, vom „Geliebten" verlassenes Mädchen zurück, das *gleichzeitig* mit dem Weggang des Vaters auch seine *psychologische* Mutter verloren hat. Alleine gelassen mit der leiblichen Mutter, fürchtet sie sich nun vor ihr, da das Kind „genau weiß" (magisches Denken!), daß ihre Mutter „wissen muß", daß sie sie stets als Konkurrentin in ihrer Liebe zum Vater gesehen und vielfach verwünscht hat. Einer Mutter, vor der man sich fürchtet, kann man sich natürlich nicht mehr annähern – die Mutter-Tochter-Beziehung ist vollends ruiniert. Aber auch die Liebe zum Vater ist perdu: Denn der weggehende Vater hat auch das Mädchen kastriert zurückgelassen, weil er mit seinem Weggang ein wesentliches Stück des kleinen Mädchens, nämlich sein Gefühl der Geborgenheit und des Liebenkönnens mitgenommen hat. Die ödipale Angst des Mädchens *(Penisneid),* nicht nur den Penis (durch die Schuld der Mutter) verloren zu haben, sondern auch noch anderes (ihre Geborgenheit, ihre Liebesfähigkeit) verlieren zu können, hat sich fürchterlich bewahrheitet. Die Tochter wird ihren Vater dafür hassen – hassen wie jemand, dem man seine Liebesmöglichkeit weggenommen hat. „Im Krieg und in der Liebe ist alles erlaubt", heißt es – und im Krieg befindet sich das verlassene Mädchen jetzt. Wer haßt, läßt keine anderen Gefühle mehr an sich heran; das Kind ist für keinerlei Zuwendungen mehr offen, am wenigsten von seiten der Mutter. Aber auch vom Umgang mit ihren Mitschülern wird es sich absentieren und verschlossen und einsam werden.

Neurotische Aggression

Der Bub hingegen wird sich von überall her bedroht fühlen. Neurotische Angst erzeugt aber neurotische Aggression: Er wird alles und jeden bekämpfen, seine Klassenkameraden, seine Lehrer, jede Art von (Schul-)Leistung, vor allem aber seine Mutter, der er seine Verachtung spüren läßt. Mitunter greift er sie sogar tätlich an, zerstört mutwillig Dinge, verkriecht sich in seiner Ohnmacht in seinem Zimmer, sperrt die Türe zu, übertönt seine Würstchenexistenz mit ohrenbetäubender Musik aus der Stereoanlage, umgibt sich mit Stereotypen der Männlichkeit, beginnt sehr früh zu rauchen und zu trinken und lebt seine beginnenden sexuellen Gefühle sadomaso-

chistisch aus – wenn auch nur in seiner Phantasie, weil er ja im Grunde genommen feige und angstbesetzt ist.
Wehe die Frau, die diesen Menschen einmal bekommt.
Schuld der Scheidung? Nein. Aber Schuld der Eltern, vor allem der Mutter vor der Scheidung.
Väter werden öfter vertrieben, als sie freiwillig gehen. Heute auch juristisch: Sie werden mit „Einstweiligen Verfügungen" aus dem gemeinsamen Haushalt gebannt. Auch reichen bereits mehr Frauen als Männer die Scheidung ein. Die Kinder aber bleiben in 99 Prozent der Fälle den Müttern. Wieweit die Kenntnis von Objekt- und Mutterersatz in die lichten Höhen der Richterschaft gedrungen ist, wäre angesichts der erschreckend gleichförmigen Urteile von Familienrichter(inne)n zumindest einen akademischen Disput wert.
Scheidungsrecht auf österreichisch!

„Was wolltest du mit dem Dolche, sprich?"
(aus Friedrich Schiller: Die Bürgschaft)

SCHEIDUNGSKINDER UND IHRE REAKTIONEN

*Die Welt ist ein geistiges Ding,
das man nicht behandeln darf.
Wer handelt, verdient sie,
wer festhält, verliert sie.*
Hermann Hesse

Eine Scheidung ist immer ein Dolchstoß – auch ins Herz der Kinder. So froh die Frau (oder auch der Mann) über das Ende der Ehe„gemeinschaft" auch sein mag: Die Kinder verlieren.
Es wird also auch vom Kind *geschieden.*
Gerichte sprechen im Zuge einer nicht gütlichen Scheidung *immer* Schuld aus und zu; ob diese *juristische* Schuldzuweisung der *tatsächlichen entspricht,* ist dem Familienrichter egal. Es geht um formale – meist unterhaltsrechtliche – Gründe. Viele nehmen die Schuld auch nur auf sich, um den gehaßten Ehegespons schneller los zu sein. Am Scheitern der Beziehung waren dennoch immer beide Teile schuld.
Wie ist es aber mit der Schuldverteilung zwischen Eltern und Kindern? Es kann die Aussage gewagt werden, daß die Kinder nie Schuld trifft. Die geschiedenen Eltern sind also *immer schuld* an der Scheidung von ihrem Kind. Also ist auch der Elternteil, dem das (unmündige) Kind zugesprochen wird (in Österreich in fast allen Fällen der Mutter!), an der Scheidung *vom Kind* schuldig.
Und: *Das „wissen" die Kinder.*
Der Vorwurf: „Du hast mir meinen Vater verjagt"; „Du bist schuld, daß Papa weggegangen ist", steht immer im Beziehungsraum zwischen Kind und Erziehungsberechtigten. Nur drücken das die wenigsten Kinder auch *verbal* aus.
Aber sie spüren es und leiden darunter.
Denn zum Unterschied zur Mutter, *die ja sehr wohl weiß,* warum der Vater ihres Kindes sie verlassen hat (oder sie ihn), *weiß das*

Kind das nicht. Welche Erklärungen die Mutter, der Vater auch geben mögen: Für das Kind bleibt die unbeantwortbare Frage: „Warum hat Papa (Mama) *auch mich* verlassen?"

Und da sich das Kind keiner Schuld bewußt ist, muß sich in ihm die Überzeugung festsetzen, daß es nicht ausreichend liebenswert gewesen ist, um damit den Vater bei der Mutter und vor allem *bei sich* gehalten zu haben. Das kommt aber einer eigenen *Schuldzuweisung* gleich, mit der es schwer leben kann. Und wie die Erwachsenen auch, wehrt sich das Kind gegen diese drückende Schuldenlast und schiebt sie ab.

Der Psychoanalytiker spricht von Abwehr und meint damit „die automatisch gewordene Hemmung einer Motivbefriedigung, die früher für die Person möglich war, aber von einem Zeitpunkt der Entwicklung an durch Personen der Umgebung verhindert oder mit ‚Strafe' bedroht wurde". (Lexikon der Psychologie)

Die Abwehrmechanismen

Besser kann man eine Scheidungssituation nicht umreißen: Alle früheren Befriedigungen der Motive des Kindes (Liebe, Zuwendung, Geborgenheit, Vorbild, Schutz und was sonst in einer funktionierenden Familie dem Kind noch alles an Positivem zukommt) glaubt das Kind *durch seine Schuld* ab dem Zeitpunkt der Scheidung seiner Eltern nun nicht mehr erlangen zu können. Ein ganzes Bündel von sogenannten Abwehrmechanismen steht ihm zur Schuldabwehr zur Verfügung:

- die Verdrängung, bei der die angsterzeugenden Schuldgefühle unterdrückt werden, ins Unbewußte abgleiten, von dort aber wieder als neurotische Symptome, Fehlleistungen und quälende Träume ins Bewußtsein zurückkehren;
- die Regression, das Wiederauftreten entwicklungsmäßig früherer Erlebnis- und Handlungsweisen, wie zum Beispiel Nägelkauen, Fingerlutschen;
- die Projektion, in der die eigenen Schuldgefühle zur eigenen Entlastung an andere Personen weitergegeben werden; etwa: „Du bist schuld, daß Papa weg ist!"; allgemein: Eigene Motive werden anderen Personen unterschoben;

- die Isolierung; bei ihr wird auf ein nicht mehr befriedigbares oder verbotenes Motiv „verzichtet", indem es gedanklich oder symbolisch teilbefriedigt wird, dabei aber als fremd und nicht der eigenen Person entstammend erlebt wird. Zwangsneurosen sind eine Folge dieser Isolierung; dabei werden bestimmte Handlungen zwanghaft wiederholt, oder das Kind kann sich bestimmter wiederkehrender Gedanken oder Vorstellungen nicht erwehren; das Totwünschen eines Elternteils gehört hierher;
- das Ungeschehenmachen; es dient der Beschwichtigung verbotener Motivbefriedigungen und kann sich etwa im Waschzwang äußern, um schmutzige Handlungen (meist Gedanken) „abzuwaschen", oder in besonderer Freundlichkeit gegenüber jemanden, den man gerade gehaßt hat;
- die Introjektion (oder Identifikation); es werden Motive einer anderen Person (der Mutter, des Vaters) übernommen, um den eigenen Motivfrust abzubauen;
- die Wendung gegen die eigene Person;
- die Reaktionsbildung; dabei wird ein nicht mehr befriedigbares Motiv durch eines am anderen Ende des betreffenden Motivkontinuums ersetzt: Schmieren wird etwa durch zwanghafte Berührwünsche ersetzt, Verschwendungssucht durch Sparsamkeit, Unflätigkeit durch extreme Etikette; im Falle des Scheidungskindes kann seine enttäuschte Liebe durch haßerfülltes Verfolgen der geliebten Person erfüllt werden. Wichtig bei der Reaktionsbildung ist die Unfähigkeit des von ihr Erfüllten, situationsadäquat zu reagieren und immer an der einmal gewählten Extremform der Befriedigung starr festzuhalten. Wer einmal haßt, haßt – diese Person – immer;
- die Sublimierung, die Verschiebung des Triebziels auf sozial angepaßte Formen der Motivbefriedigung; auch Umwandlung unbewußter sexueller Triebimpulse in geistige Tätigkeiten. Die Sublimierung (= Verfeinerung) ist der einzige innere Abwehrmechanismus, der als „positiv" gewertet werden kann; er ist nichtsdestoweniger ein Konfliktlösungsmechanismus, basiert also auf Spannungen zwischen Trieb (Müssen) und Sollen (Dürfen);
- die Leugnung der Realität ist die *Nichtbeachtung* wesentlicher Teilaspekte der eigenen physischen, psychischen und/oder so-

zialen Umgebung. In der Wirkung ist sie der Verdrängung und der Isolierung ähnlich". (Lexikon der Psychologie) Beispiele: ein Kind, das im Schock der Scheidung so agiert, als ob der Vater noch da wäre bzw. wiederkehrte; eine Ehefrau, die die Tatsache des Betruges durch ihren Ehemann nicht wahrnehmen möchte;
- die Rationalisierung setzt an Stelle uneingestandener, weil verbotener Motive solche, die vom Über-Ich (von Sollen und Dürfen) gestattet sind. Es handelt sich also um Scheinbegründungen, die mit der Realität nichts zu tun haben. Es wird z. B. nicht gehaßt, sondern vernünftig „begründet", warum man diesen Menschen nicht lieben kann;
- die Reversion, die Verkehrung ins Gegenteil, sucht aus Furcht vor einer bestimmten Motivbefriedigung das „Gegenteil" zu befriedigen. Sie kann auch als Reaktionsbildung interpretiert werden.

Dazu kommen die *neurotischen* Abwehrverfahren:
- Phobien (Ängste), Formen abnormer Furcht vor sonst nicht oder nicht so sehr angstauslösenden Gegenständen, Personen oder Situationen. Angst vor Hunden etwa (oder Bakterien), scharfen Gegenständen (Messern) oder Pflanzen (Pilzen), Männern mit Bart oder attraktiven Frauen und (übertriebene) Angst vor Prüfungen gehören hierher;
- Konversionen; hier werden seelische Konflikte in körperliche Reaktionen (Symptome) umgewandelt; psychische Hemmungen treten etwa als physische Lähmungen oder Krämpfe auf, unbefriedigte Wünsche können sich in Affekten Bahn brechen (Schrei-, Weinkrämpfe, Tobsuchtsanfälle);
- Zwangshandlungen äußern sich oft als Zähl- oder Waschzwänge, als Pedanterie oder Geiz, als Denkzwänge und überwertige Gedanken äußern, auch als *Iteration,* im Wiederholen von Wörtern, Sätzen oder Melodien; *Kontrollzwänge* äußern sich im ritualhaften Überprüfen von Verschließbarem (Türen, Gas-, Wasserhähne); Zwangsimpulse beinhalten in der Regel nicht ausgeführte Wünsche nach Tötung, Verletzung, Beschimpfung oder Besudelung einer Person;
- Tics sind kurze Muskelzuckungen, meistens im Gesicht, am Hals oder in den Schultern, oder Zwinkern, Schnüffeln, Räuspern, Hüsteln, Schluckenmüssen;

- Stottern. Es ist meist nur durch psychotherapeutische Behandlung und/oder Milieuwechsel behebbar, mitunter vom Grad der Unsicherheit der Situation, in der sich das Kind befindet, abhängig und kann (nur) bei Gewißheit von Geborgensein und völliger Sicherheit vergehen. In Scheidungssituationen also kaum oder erst nach langwieriger Behandlung und Milieuwechsel (eventuell von der Mutter zum Vater oder zu den Großeltern). Auch der – seltene – Fall der Wiederverheiratung kann dieses neurotische Leiden lindern oder heilen.

Diese *psychoneurotischen* Abwehrverfahren kommen allerdings nur dann zur Anwendung, wenn „die üblichen Abwehrverfahren nicht mehr ausreichen und zusätzliche neurotische Symptome und Symptomhandlungen zur Erzielung des Verzichtes aufgeboten werden müssen". (aus: Lexikon der Psychologie)

Archaische Ängste

In *jedem* Kind brechen durch die Scheidung der Eltern *archaische Ängste* auf, die sich um Trennung und Liebesverlust drehen. Die Scheidung der Eltern enthält für viele Kinder daher auch eine *strafende Komponente,* vielfach für *verbotene* Gedanken, die die Kleinen so gehegt haben.

Jede Beziehung zwischen Menschen ist *ambivalent,* das heißt, die Gefühle, die immer mitschwingen, pendeln zwischen Angezogen- und Abgestoßenfühlen, zwischen Hin- (= Liebe) und Wegwendung (= Aggression). Jedes Elternge- oder -verbot – es bildet nach Freud das Über-Ich im Kind aus, also sein Sollen und Dürfen – muß vom Kind primär als *Liebesentzug* gewertet werden, da es *frustriert* und gegen das *eigene Wollen und Müssen* (den Antrieb oder Trieb, das Freudsche Es) gerichtet ist. Das macht Angst, das schafft Wut. Beide aber sind stets mit Vernichtungswünschen gegen den Gegner verbunden – die mildeste Form wäre noch das bloße örtliche Wegwünschen: „Geh weg, ich mag dich nicht mehr sehen." Und Sätze wie: „Ich wünschte, du wärest tot!" oder: „Warum bringt dich denn keiner um?" sind auch nicht gerade Balsam auf die Seele des Betroffenen.

Aber es betrifft auch das Kind oder den Wünscher: Denn je jünger das Kind, desto mehr ist es davon überzeugt, daß seine Wünsche wahr werden. Kinder sind weit mehr im *magischen Denken* verwoben als wir Erwachsenen.

Ist der Vater einmal weg, dann ist der Wunsch wahr geworden – und das Kind hat einen Schuldenberg am Buckel, der es schier niederdrückt. Dazu gesellt sich die *Vergeltungsangst* vor der Mutter (wenn das Kind ihr zugesprochen worden ist), sie könnte sich am Kind für dessen Wegwünschen des Vaters rächen. Und dazu kommt noch die Angst, auch die Mutter könnte fortgehen.

Welche Gefühle bedrängen also ein Kind nach der Scheidung? Verallgemeinernd läßt sich das gar nicht sagen (siehe auch die Interviews mit Scheidungskindern); aber Emotionen wie Schuld und Angst lassen sich wohl bei keinem Kind wegdenken.

Trauer und Wut

Weiters werden Gefühle wie Wut, Trauer und ganz allgemein ein tiefes Empfinden der Kränkung fast ebenso allgemein in verschiedenen Intensitäten vorhanden sein; sie müssen sogar auftreten, da die Trennung von etwas Geliebtem *immer* mit Verlustängsten und Trauer einhergeht. Um wieviel mehr, wenn das Kind zu seinem Vater schon eine libidinöse Bindung eingegangen ist! So natürlich diese Reaktionen sind, so heilsam sind sie in den meisten Fällen auch. Katharina sagt sogar, sie *verdanke* ihr jetziges selbständiges Leben der Scheidung ihrer Eltern! Trauern *lindert!* Nach Freud ist Trauer immer eine Reaktion auf einen Personen- oder Objektverlust und wirkt wie ein Prozeß der Verdrängung (siehe oben). Sie hilft „alle Einzelaspekte des verlorenen Objektes sowie ... (die) Erwartung der Präsenz dieses Objektes in allen jenen Situationen zu verdrängen, in denen das Objekt nicht mehr erscheinen kann. In dem Ausmaß, als diese Verdrängungen vollzogen sind, nimmt der Affekt der Trauer ab. Der Verlust ist überwunden, wenn das verlorene Objekt nirgends mehr unwillkürlich erwartet wird, und wenn auch die Vorstellung und Erinnerung an das Objekt keinen Trauereffekt, keine Tränen mehr aus löst". (Arnold, Eysenck, Meili)

Man nennt dieses Aufarbeiten auch *Trauerarbeit.*

Trauern ist also gesund und notwendig und *kein Zeichen* von Krankheit oder abnormalem Verhalten. Ungewöhnlich wäre es vielmehr, nicht zu trauern, und schädlich, weil krankmachend, seine Trauer sich nicht zu zeigen getrauen, *weil man damit die Mutter kränken würde*. In solchen Fällen würden sofort andere Abwehrmechanismen auftreten.

Auch Wut ist nicht unbedingt nur negativ zu bewerten. Wut ist ebenfalls ein Affekt, „der sich als Reaktion auf eine Beeinträchtigung der Persönlichkeits- oder Vitalsphäre aus einem aggressiven Spannungsstau entwickelt; er kann sich in Form eines auf Zerstörung gerichteten Aktes entladen ... Im Unterschied zum Zorn vollzieht sich Wut ohne Überblick und Überlegung und ohne bewußtes Abwägen der Schuld, welche die Umwelt an der erlebten Beeinträchtigung trägt". (Lexikon der Psychologie)

Die Reaktion hat im Unbewußten allerdings immer das Zum-Verschwinden-Bringen dieser Beeinträchtigung zum Ziel, möchte also „das Gute", das einem abhanden gekommen ist, wiederherstellen. Das geschieht aktual im (wütenden) Kampf gegen „das Böse", das einem widerfahren ist. Es erinnert ein wenig an den Spruch „den Teufel mit Beelzebub austreiben": Der Wütende kämpft mit Bösem gegen Böses – und vermag es *eventuell zu* besiegen. Ist die Wut verraucht, ist auch das Böse überwunden, das Gute in der Person, gegen die man gewütet hat, überwiegt wieder. Gegen das Wüten – solange es nicht lebensbedrohend ist! – nicht einzuschreiten, *kann* also durchaus *therapeutisch* wirken.

Schuld und Magie

In der Psychologie und der Psychoanalyse ist in der Prognose eben immer alles nur ein *Kann*. Schuld daran sind da aber weniger die beiden Wissenschaften, als ihr Objekt, der Mensch, der *eben kein Objekt, sondern ein Subjekt mit freiem Willen ist*.

Eltern können also immer nur *hoffen*, daß eine Therapie oder eine Erziehungsmaßnahme greift. Der Psychologe oder Therapeut kann sich nur auf seine Erfahrung mit anderen Betroffenen berufen, bei denen auf *ein ähnliches* Geschehen so und nicht anders reagiert worden ist. Jede Scheidung ist aber eine *einmalige* Sache, und jedes Kind hat eine andere *Geschichte*. Ein Scheidungsschaden ist *immer seelische* Folge eines *freien Individuums*. Dessen Reaktionen sind niemals genau voraussehbar, bestenfalls *vermutbar.* Das erschwert die Behandlung und/oder Heilung von Scheidungsschäden ungemein.

So können die oben angesprochenen Schuldgefühle eines Scheidungskindes auch nicht im klassischen Sinn „behoben" werden. Meist bedarf es großer Mühe und vieler Liebe *beider Elternteile,* ihrem Kind klarzumachen, daß es gar keine Schuld am Auseinandergehen *seiner* Eltern hatte. Wie erfolgreich gegen die tiefenpsychologisch fundierte und magische Überzeugung des Kindes da überhaupt agiert werden kann, ist angesichts der Beharrungstendenz des magischen Denkens bis ins hohe Erwachsenenalter hinein natürlich mehr als fraglich.

Wie „überzeugt" man einen Abergläubischen von der Harmlosigkeit von Freitag, dem 13.?

Und wie ein Kind von seiner Schuldlosigkeit?

Gleiches gilt von den existenziellen Ängsten des Kindes.

Angst ist mit Vernunft nicht beizukommen. Es ist viel Liebe und Vertrauensbildung nötig, diese Urerschütterung dem Menschen erträglich zu machen und damit allmählich zum Verschwinden zu bringen.

Scheidungsreaktionen

Der Wiener Scheidungsexperte Helmuth Figdor versucht eine Auflistung typischer Scheidungsreaktionen, die alle eine Folge dieser *unbewältigten* Ängste und Schuldgefühle sind: „Allgemeine Unruhe, Freßsucht, Schlaflosigkeit; viele Kinder beginnen wieder, nachts das Bett naß zu machen; immer wieder kommt es zu Verhaltensauffälligkeiten, vor allem zu disziplinären Schwierigkeiten in der Schule und Familie oder zu Diebstählen; oft entwickeln die Kinder psychosomatische Symptome, wie Magenschmerzen, Kopfschmerzen, Akne u. a." Bei der Mehrzahl der Scheidungskinder – so Figdor weiter – sind auch emotionelle Störungen zu beobachten: „Sie leiden unter Ängsten, Ruhelosigkeit und Trauer; und bei fast allen Kindern ist ein deutlicher Anstieg des Aggressionspotentials zu bemerken, das sich in Form von Ärger oder Wut an einem oder beiden Elternteilen oder auch an anderen Kindern entlädt: einige reagieren auch mit verstärkter Abhängigkeit und/oder sozialem und emotionalem Rückzug." (S 13) Dazu kommen hysterische oder depressive Handlungen, Angst vor dem Alleinsein, Schlafstörungen, Wahrnehmungsverzerrungen, somatische Störungen, der Wunsch, die Mutter immer unter Kontrolle zu haben, Unersättlichkeit, Freude am Schmutzigsein, brutal ausgelebter Egoismus, unvermutet auftretende Schlamperei, also etwa seine Spielsachen plötzlich nicht mehr aufzuräumen. Affekthemmungen, Depressionen und aggressive Impulse gegen sich selbst gehören ebenfalls zu den neurotischen Symptomen.

Grob lassen sich die Scheidungsreaktionen einteilen in Affekte, Verhaltensänderungen (-auffälligkeiten) und körperliche Reaktionen (Symptome). Wichtiger als eine solche Systematik wäre es zu wissen, wie man auf die einzelnen Symptome und Verhaltensauffälligkeiten reagieren soll. Genau da setzt aber die weiter oben schon angesprochene Schwierigkeit ein: Symptome sind eben nur das, was man sieht – wenn man überhaupt etwas bemerkt. Die Ursachen, die hinter den einzelnen Auswirkungen liegen, lassen sich oft nur nach langer therapeutischer Anamnese (= Erinnerung) aufdecken; und dazu ist die Mutter meist nicht in der Lage – und ein Psychiater oder Psychoanalytiker ist zu teuer oder ausgebucht.

Unterschieden muß auch werden in *direkte Reaktionen* des Kindes auf die Scheidung, in Symptome, die als *Verstärkung alter Reaktionen* erkannt werden müssen, in Verhaltensänderungen, die die Dimensionen eines *Traumas* annehmen, in Symptome, die als Folge des *Zusammenbruches einer alten Abwehr* bezeichnet werden könnten, und in neurotische Symptome, die man als *Antwort auf das Trauma* bestimmen kann. (in Anlehnung an Figdor)

Ein derartiger Versuch einer Klassifizierung ist natürlich nur möglich und sinnvoll, wenn den Eltern – oder dem Therapeuten – der für das Kind ausschlaggebende psychologische Scheidungszeitpunkt bekannt ist, also jenes Datum, zu dem dem Kind die vollzogene Scheidung der Eltern erst so richtig bewußtgeworden ist. Dieser für das Kind zutiefst bedeutende Einschnitt in sein Leben muß mit dem juridischen Datum des elterlichen Auseinandergehens nicht identisch sein! Kleine Kinder *begreifen,* daß ihre Eltern nicht mehr ein Paar sind, oft erst relativ stark zeitverzögert; dann nämlich, wenn der Papa etwa tatsächlich nicht kommt, wie sehr das Kind ihn sich auch wünschen und erwarten mag.

Direkte Reaktionen

Direkte Reaktionen treten spontan als Irritationen der psychischen Struktur auf, wenn diese nicht mehr in der Lage ist, die seelischen Belastungen auszuhalten. Voraussetzung für solche direkte Reaktionen ist allerdings das *Bewußtwerden* des Scheidungsereignisses. Das Kind ist sich des Einschnittes in seinem Leben bewußt und reagiert darauf: die einen stärker, die anderen schwächer, manche für Außenstehende nicht einmal merkbar. Gemeinsam ist diesen direkten Reaktionen aber, daß sie relativ rasch wieder vorbeigehen, *vorausgesetzt,* beide – jetzt geschiedenen – Elternteile versuchen (meist örtlich getrennt, aber doch gemeinsam) dem Kind klarzumachen, daß das Leben weitergeht, und das Kind sich auch in seinem nun äußerlich veränderten Leben seiner Liebe und Geborgenheit gewiß sein kann. Dazu gehört vor allem, dem Kind zu ermöglichen, seine *inneren Spannungen* auch ausdrücken und ausleben zu können. Dazu gehört vor allem das Akzeptieren des fast immer auftretenden *Regredierens* des Kindes auf eine frühkindliche Phase: Es sucht vermehrt die Nähe der Mutter, möchte nicht allein gelassen werden und bettelt um Zuwendung, traktiert gleichsam die Mutter um vermehrte Aufmerksamkeit, was mit einer versteckten *Wiedergutmachung* verglichen werden könnte, die das Kind fordert, etwa: „Du hast mir den Papa genommen, nun kaufe mir zumindest mehr Spielzeug oder geh öfter mit mir fort."

Wird diesen Wünschen des Kindes entsprochen, wird es seine Regressionsphase zurücknehmen und sich relativ leicht mit der veränderten, für es aber weiter nicht nachteiligen Situation abfinden. Es wäre dies die harmloseste Form einer Scheidungsbewältigung; sie tritt freilich nur dann ein, wenn das Kind nicht schon aus seinem früheren Leben mit den streitenden oder bereits zerstrittenen Eltern seelische Blessuren davongetragen hat. Und das wird in den wenigsten Fällen der Falll sein; selten lassen sich Paare aus heiterem Himmel heraus scheiden.

Alte Neurosen

Viel häufiger werden als Folge des Scheidungserlebnisses alte Konfliktlösemechanismen, die das Kind in früheren Jahren zum Bewältigen seiner damaligen Ängste erfolgreich angewandt hat, wieder aktiviert. Waren die Konfliktlösungen damals (also bei noch aufrechter, aber schlechter Ehe) schon neurotisch, greift das Kind unbewußt auf die „bewährten" Strategien zurück: Es regrediert darauf; aggressive Kinder etwa werden noch aggressiver, ängstliche noch ängstlicher und Bettnässer machen noch öfter ins Bett. Dies wird aber von der Mutter (oder dem Vater) entweder gar nicht bemerkt oder nicht mit der Scheidung in Zusammenhang gebracht. Solche Kinder zeigen tatsächlich sonst keinerlei – neue! – äußerliche Reaktionen auf die Scheidung ihrer Eltern, *weil sie ja schon ein bewährtes, allerdings neurotisches Reaktionsmuster bereit haben!* Die innere Erschütterung ist aber da, sogar so stark, daß sie mit früheren Ängsten assoziiert wird und die alten Abwehrmechanismen verstärkt. Die Neurose des Kindes wird durch die Scheidung fixiert.

Nochmals: Es gibt kein Scheidungskind, das auf die Scheidung nicht reagierte!

Traumata

Zu einem *Trauma* wird die Scheidung, wenn das betroffene Kind nicht mehr fürchtet, seine Ängste könnten wahr werden, sondern wenn es überzeugt ist, sie seien schon *wahr geworden*. Reagieren Kinder aus Furcht vor dem Liebesverlust des Vaters oder dem Verlassenwerden auch noch von der Mutter *direkt*, wie oben beschrieben, so fürchten sie es *noch* und tun ihr *möglichstes, es zu vermeiden*. Auch der Rückgriff auf alte neurotische Verhaltensmuster geschieht „nur" darum, das Gefürchtete zu *verhindern*. Für *traumatisierte* Kinder ist dieses Ereignis des Verlassenwerdens und der totalen Lieblosigkeit aber schon *eingetreten, sie* wissen nicht mehr weiter, ihre heile Welt *ist schon untergegangen*. Da die reale Welt aber weiterbesteht, sehr zum Widerspruch zur Wahnwelt des Kindes, sind traumatisierte Kinder nicht mehr „nur" *neurotisch*, sondern ihr Verhalten ähnelt *psychotischen* Krankheitsbildern. Dabei werden unter Psychosen Störungen der Persönlichkeit verstanden, die erhöhte Abnormität, Heftigkeit und Zerrüttung miteinschließen. Als voll ausgebildete Krankheitsbilder gehören Schizophrenie, Paranoia, Psychotische Depressionen und Ungesteuerte Hyperaktivität hierher.

Aber auch traumatisierte Kinder sind nicht verloren – wieder beweist es sich, wie widerstandsfähig der Mensch, vor allem das Kind doch ist. Während sich echte Psychotiker ihre Wahnwelt erhalten und mitunter in Anstalten eingeliefert werden müssen, versuchen traumatisierte Scheidungskinder durch ihr auffälliges Verhalten und ihre affektbesetzten Handlungen (Tendenz zur Selbstzerstörung; Aggression gegen andere) Brücken zur realen Welt zu schlagen, um nicht völlig in die eigene Wahnwelt abzudriften und sich zu vergewissern, daß es noch „das Andere, Gewohnte, Gute" gibt. Halten diese „Brücken", und erlangt das Kind über sie „Beweise", daß die Welt doch nicht untergegangen ist, es sogar wieder Liebe und Geborgenheit erringen und sich über den neuen Partner der Mutter vielleicht sogar einen zweiten Vater aufbauen kann, dann sind auch solche Traumata heilbar.

Vor allem Verlustängste können sich zu einem Trauma auswachsen, das aber von den Kindern sozusagen beständig auf seine Richtigkeit hin überprüft wird: indem sie weglaufen (ausreißen) oder sich verstecken und das Gefühl des Gesucht- und Wiedergefundenwerdens auskosten. Da sie ja – fast immer – wieder gefunden werden (auch Selbstmorde werden meist so angelegt, daß man gerettet wird oder zumindest werden könnte!), löst sich mit der Zeit dieses Trauma auf.

Zusammenbrechende Abwehren

Vom *Zusammenbruch einer alten Abwehr* in der Folge des Scheidungserlebnisses des Kindes spricht man dann, wenn die Ängste des Kindes in der Zeit *nach* dem psychologischen Scheidungszeitpunkt durch das Ausbleiben stützender Maßnahmen seitens der Mutter (und des Vaters) nicht abgebaut werden, sondern zunehmen. Dieser tritt in der Mehrzahl jener Fälle auf, wo sich die Mutter (aber auch der Vater) aufgrund eigener Probleme und Ängste zuwenig oder schlichtweg falsch mit dem Kind befaßt. Hat das Kind die Scheidung vorerst zwar relativ „gut" verkraftet, bricht diese Abwehr nun zusammen. Das Kind steht schutzlos vor dem Trümmerhaufen seiner Welt und reagiert wie das weiter oben beschriebene traumatisierte Scheidungskind. Anzeichen dieser höchst alarmierenden Entwicklung ist das auffällige Regredieren auf immer weiter zurückliegende („jüngere") Verhaltensweisen des Kindes gegenüber seinem ersten Liebesobjekt, also der Mutter. Da dieses Bedürfnis nicht ausgelebt werden kann (die mangelnde Liebesbereitschaft der Mutter war ja schlußendlich der Auslöser für den Regressionsvorgang!), steigt auch die Aggression des Kindes: Es trotzt, ist oft und leicht beleidigt, wird wütend. Und alles entlädt sich auf die Mutter – der Vater ist ja nicht mehr da. Verstärkt wird das Fehlen des Vaters noch durch den Umstand, daß sich das Kind in seinem Gefühlshaushalt und in seinem unbewußten Regressionsverhalten in eine frühkindliche Phase zurückversetzt hat, zu der der Vater ja noch da war. Sein Fehlen wird also jetzt als verstärkt empfunden, umsomehr bei solchen Eltern ja höchstwahrscheinlich schon zu dieser Zeit ein akuter Fürsorge- und Liebesmangel gegenüber dem Kind vorgeherrscht haben wird. Das miese, nun schon einige Jahre zurückliegende Familienleben steigt im Kind aber nun wieder akut hoch und mobilisiert seine Erinnerung daran. Gegen diese Flut von Konflikten hilft aber keine Abwehr mehr – sie bricht zusammen, das Kind wird traumatisiert. Die bislang eingedämmten Triebwünsche brechen sich ungehindert Bahn.

Figdor konnte aber aufgrund seiner Untersuchungen feststellen, daß selbst in diesem Fall (er nennt diese Form der Regression *psychische Destrukturierungsprozesse)* für das Kind auch Positives herausschauen kann: „Was normalerweise nur eine psychoanalytische Psychotherapie zuwege bringt, nämlich verfestigte Abwehrstrukturen aufzuweichen und die abgewehrten Konflikte sichtbar, damit aber auch einer ‚reiferen', weniger einschränkenden und entwicklungsförderlichen Lösung zugänglich zu machen, leistete hier die Nach-Scheidungs-Krise! Wie in einer Psychotherapie wurden die hinter der Symptomatik stehenden Triebstrebungen sichtbar." (S. 143)

Freilich wird die therapeutische Chance, die sich hier auftut, kaum genützt, da von den Eltern die durch die verlorengegangene

Abwehr nun virulenten Triebe des Kindes (z. B. zärtliche Zuwendung, Abbau von Urängsten) abermals nicht gesteuert werden. Wie denn auch: Eltern, die schon in frühen Ehejahren unfähig waren, die Triebe ihrer Kinder zu lenken, werden im Nach-Scheidungs-Streß noch viel weniger dazu in der Lage sein!

Neurotische Symptome als Antwort auf das Trauma

So habe ich die letzte Gruppe von Verhaltensauffälligkeiten bezeichnet, die bei Kindern im Zuge der Scheidung der Eltern auftreten kann. Sie umfaßt die Reaktionen des Kindes auf sein eventuelles Trauma, in das es aus den oben angeführten Gründen hineinmanövriert worden ist. Diese Reaktionen sind wieder innerhalb der ganz oben aufgelisteten Abwehrmechanismen zu suchen, da die Abwehr ja das einzige Mittel ist, mit dem die Psyche ihre Konflikte neutralisieren kann, wenn diese nicht behutsam und durch eine „ordentliche" Erziehung *gelöst* werden. Abwehr ist ja nie eine *Lösung*, sondern immer nur ein Kompromiß und damit *neurotisch*. Bedenklich ist freilich die Ursache-Wirkung-Kette, die Figdor in seinen langjährigen Untersuchungen aufgedeckt hat: Durch unsachgemäße Aufarbeitung der frühkindlichen Konflikte baut das Kind Abwehren gegen seine verbleibenden Ängste auf, und bedient sich dabei des natürlichen Spektrums von Abwehrmechanismen. Mit deren erfolgreicher Anwendung ist es zwar neurotisch geworden, kann aber weiterhin überleben. Je mehr Frustrationen das Kind erleben muß, desto mehr Abwehrmechanismen wird es aufbauen. Lassen sich die Eltern dann scheiden, reagiert das Kind nach einem der von Figdor klassifizierten fünf Syndromen. Wird es durch die Scheidung traumatisiert oder über den Umweg der Reaktivierung alter Symptome destrukturiert, brechen seine bewährten frühen Abwehren zusammen. Das Kind steht vor dem totalen Chaos. Sein Zustand ähnelt einer Psychose. Gegen ihn aktiviert es erneut Abwehren und schöpft dabei abermals aus dem Fundus der Abwehrmechanismen. Welche „Blüten" diese treiben können, führt Figdor an: „Innere Zwänge, die als ‚Ordentlichkeit', ‚Pünktlichkeit' und ‚Disziplin' oder, auf geistiges Gebiet verschoben, als ‚frühreifes systematisches Denken' imponieren; auch übermäßige soziale Anpassung, die sich als besondere ‚Freundlichkeit' und ‚Hilfsbereitschaft' äußert, kann neurotischer Art, nämlich die Folge massiver Verdrängung eigener (oppositioneller) Bedürfnisse und aggressiver Regungen, sein."

Man wird in der Annahme nicht fehlgehen, daß ein solches Kind neurotischer aus der Scheidung herausgeht, als es in sie hineingestoßen worden ist.

TEIL III:
KINDER ALS OPFER

Gedicht eines unbekannten Maturanten

Ich wollte Milch und bekam die Flasche.
Ich wollte Eltern und bekam Spielzeug.
Ich wollte reden und bekam ein Buch.
Ich wollte lernen und bekam Zeugnisse.
Ich wollte denken und bekam Wissen.
Ich wollte einen Überblick und bekam einen Einblick.
Ich wollte frei sein und bekam Disziplin.
Ich wollte Liebe und bekam Moral.
Ich wollte einen Beruf und bekam einen Job.
Ich wollte Freiheit und bekam ein Auto.
Ich wollte Glück und bekam Geld.
Ich wollte einen Sinn und bekam Karriere.
Ich wollte Hoffnung und bekam Angst.
Ich wollte ändern und erhielt Mitleid.
Ich wollte leben ...

(zitiert von Erwin Ringel bei einer Veranstaltung der Österr. Hochschülerschaft: Ruinieren die Alten unsere Zukunft?)

Zum Nachdenken

*Kinder bräuchten keine besondere Hilfe,
wenn sie so erzogen würden,
daß das Leben sinnvoll für sie ist.*
Bruno Bettelheim, in: Kinder brauchen Märchen

In der Folge werden acht Jugendliche interviewt. Alle Interviews sind mit Zustimmung des jeweiligen Erziehungsberechtigten zustandegekommen und von den Kindern (vielleicht auch von ihrem Erziehungsberechtigten, was ich aber nicht weiß) nachher vidiert, korrigiert und mit ihrer Unterschrift als korrekt bestätigt worden. Niemand bat um Geheimhaltung und *niemand fühlte sich als Opfer*. Jeder war von sich überzeugt, die Scheidung *ohne jede Nachwirkung* überstanden zu haben. Nur eine einzige Mutter gab die Erlaubnis mit dem Vorbehalt, die Interviewabschrift ihres Kindes auch lesen zu wollen; eine weitere Mutter bat um Namensänderung ihres Sohnes. Meine Interviewtätigkeit sprach sich übrigens wie ein Lauffeuer herum.

Von *Schande* also keine Spur.

Bemerkenswert ist in diesem Zusammenhang, daß *alle* meine Interviewpartner einen Scheidungsschaden entrüstet abwiesen – tatsächlich hatten alle ihre Konflikte *abgewehrt*. Wieweit in dieser erfolgreichen Abwehr (ihr Gelingen ist ja Sinn der Abwehr!) nun ein „Schaden" zu sehen ist, wird zur Geschmacksfrage. Die Scheidung selbst hat nur in zwei der Fälle besondere Spuren hinterlassen; wohl aber haben sich die vorherigen Familienverhältnisse unauslöschlich in die jeweilige kindliche Seele eingegraben und kommen vor allem in deren freien Assoziationen ans Tageslicht. Ob die Gesellschaft diese Verhaltensänderungen der Jugendlichen als *Veränderungen* überhaupt wahrnimmt, ist ebenfalls fraglich. Wer unbefangen an einen Menschen herantritt, wird ihn so nehmen, wie er ist. Bestes Beispiel: *Ich habe vorher bei keinem Kind gewußt, daß seine Eltern geschieden sind!*

„Er geht mir überhaupt nicht ab" oder: die lachende Roßnatur
Interview mit Berta T.

F.: Berta, du bist 14 Jahre alt; wann haben sich deine Eltern scheiden lassen?
B.: Wie ich sieben Jahre alt war. Sie haben sich scheiden lassen, bevor sie sich trennten, und haben noch eine Zeitlang zusammen gewohnt. Eines Tages sind dann meine Mutter, mein Bruder und ich ausgezogen. Meine Mutter hatte die Scheidung eingereicht.
F.: Weißt du warum?
B.: Ich glaub', meine Eltern haben vom Charakter her nicht zusammengepaßt.
F.: Besuchst du deinen Vater noch?
B.: Nein. Er will, daß wir ihn besuchen, aber ich mag nicht, weil ich als Kind immer miterlebt hab', wie meine Eltern gestritten haben. Deshalb hab' ich auch kein Vertrauen mehr zu ihm und keine Lust, ihn zu besuchen. Mein Bruder will ihn auch nicht sehen!
F.: Wie war denn euer Vater zu euch vor der Scheidung?
B.: Er hat sich sehr viel um uns gekümmert und ist jedes Wochenende mit uns weggegangen – aber er geht mir überhaupt nicht ab.
F.: Bist du dir da ganz sicher?
B.: Ja, ganz sicher! Ich hab' ihn in den letzten sieben Jahren zweimal besucht: mit zehn Jahren und mit zwölf.
F.: Woran kannst du dich erinnern, wenn du zurückdenkst an die Zeit, als eure Familie noch ganz war?
B.: Es war ein ganz normales Familienleben. Nur meine Eltern waren halt nicht so harmonisch.
F.: Du hast deinen Vati liebgehabt?
B.: Ja.
F.: Wann hat dieses Liebhaben aufgehört?
B.: Nach unserem Wegehen. Wahrscheinlich deshalb, weil ich gemerkt hab', wie meine Mutter darunter leidet! Sie hat viel ge-

weint. Vielleicht war ich dadurch auch beeinflußt, daß ich ihn jetzt nicht mehr sehen will.
F.: Hast du dich auch gekränkt?
B.: Nein, ich glaub' nicht.
F.: Hat sich im Verhältnis zwischen dir und deiner Mutter nach der Scheidung etwas geändert?
B.: Es ist enger geworden, natürlich. Nach einem Jahr hat sie wieder einen Freund gehabt, und mit dem ist sie noch beisammen.
F.: Sagst du *Vati* zu ihm?
B.: Das kommt darauf an. Ich hab' jetzt eine kleine Schwester, und die sagt natürlich Papa zu ihm. Ich nenn' ihn meisten nur beim Vornamen. Es ist von Anfang an eher ein kumpelhaftes Verhältnis. Bei uns ist es eher ziemlich locker zu Hause, wenn er da ist. Ich hab' ein ziemlich gutes Verhältnis zu ihm.
F.: Läßt du dir von ihm etwas sagen?
B.: Das kommt darauf an, was er mir sagt. Wenn er irgendein Problem hat mit mir, sagt er es meiner Mutter, und die bespricht es dann mit mir.
F.: Hat also deine Mutter deine alleinige Erziehung über?
B.: Ja.
F.: Ist dir aus dem letzten Jahr des Zusammenlebens deiner Eltern noch etwas in Erinnerung?
B.: *Ich hab' ja gar nicht gewußt, daß sie geschieden waren!*
F.: Kannst du dich noch erinnern, ob du traurig warst, als ihr aus der Wohnung ausgezogen seid?
B.: Ich hab' mich sogar gefreut, daß ich zu meiner Freundin hab' dürfen. Die hat gleich neben uns gewohnt, und alle haben sich um mich gekümmert. Wenig später ist mein Vater dann auch weggezogen.
F.: Hast du nie Bedürfnis gehabt, deinen Vater wiederzusehen?
B.: Nein.
F.: Hat deine Mutti später noch über deinen Vati geredet?
B.: Sie hat weder positiv, noch negativ über ihn gesprochen. Sie war ziemlich neutral. Sie beeinflußt uns nicht.
F.: Sag mir den Grund, warum du ihn nicht mehr sehen willst.
B.: Ich weiß nicht: Wenn ich ihn seh', hab' ich ein ungutes Gefühl.
F.: Was stört dich an deinem Vater?

B.: Der Blick. *Wie* er mich anschaut.
F.: Erzähl mir etwas darüber. Was geht da in dir vor?
B.: Wenn ich mich mit ihm unterhalte und er mich so direkt anschaut, mag ich das nicht.
F.: War das früher auch so?
B.: Nein.
F.: Wann war der Zeitpunkt, ab dem du deinen Vater nicht mehr gemocht hast?
B.: Ich glaub', da gibt es keinen bestimmten Zeitpunkt. Wie wir ausgezogen sind, hab' ich die Trennung von ihm gar nicht so richtig mitgekriegt, und dann ist er mir nicht abgegangen.
F.: Kannst du mir irgendeine Begebenheit erzählen aus der Zeit mit deinem Vater?
B.: Wir sind oft in den Park oder in den Prater gegangen.
F.: An welches Erlebnis mit deinem Vater erinnerst du dich gerne?
B.: Ich hab' Fotos, wie ich noch ganz klein war. Da hält er mich.
F.: Erinnerst du dich an ein unangenehmes Erlebnis?
B.: Nein.
F.: Hattest du ein unangenehmes Erlebnis mit deiner Mutter?
B.: Nein.
F.: Ruft dein Vater noch an bei euch?
B.: Ja. Er will sich mit uns treffen und unterhalten. Aber wenn er mir nicht abgeht, brauch' ich ihn auch nicht zu sehen.
F.: Deinen Vater willst du nicht sehen; der Freund deiner Mutter ist dir hauptsächlich Kumpel. Wünscht du dir keinen Vater?
B.: Nein. Weil ich so klein war, wie ich einen Vater gehabt hab', weiß ich ja jetzt gar nicht mehr, wie es wäre, einen Vater zu haben.
F.: Warum möchtest du deinen Vater nicht mehr sehen?
B.: Mich stört es, daß er dauernd anruft. *Besitzergreifend.* Er weiß ja, daß ich ihn nicht sehen will. Ich hab' ihm das auch gesagt. Darauf hat er mich gefragt, ob mir die Freunde wichtiger sind als er. Und da hab' ich drauf gesagt: ja.
F.: Ist eine harte Aussage.
B.: Na, wenn er mich so direkt fragt?
F.: Und wie hat er darauf reagiert?
B.: Wir haben das Telefonat daraufhin beendet.

F.: Hast du deswegen ein schlechtes Gewissen?
B.: Nein. Er hat ja selber wieder Kinder, und verheiratet ist er auch wieder.
F.: Magst du seine neue Frau nicht?
B.: Ich kenn' sie nicht. Ich hab' sie nur einmal gesehen.
F.: Sympathisch? Unsympathisch?
B.: Pfff! Sie ist mir völlig egal.
F.: Haben dich deine Eltern jemals geschlagen?
B.: Nein.
F.: Machen wir ein kleines Spiel: Ich sag' dir ein Wort, und du sagst mir sofort, was dir darauf einfällt, ja? Ohne nachzudenken. Verstehst du, worum es geht?
B.: So ungefähr.
F.: Ehe.
B.: Heirat.
F.: Vater.
B.: Mutter.
F.: Was fällt dir zu Mutter ein?
B.: Gespräche, Unterhaltung, zu Hause.
F.: Was fällt dir zu Liebe ein?
B.: Zusammenhalten.
F.: Zu Scheidung?
B.: Auseinandergehen.
F.: Angst.
B.: Trennung.
F.: Verschlungenwerden.
B.: *(lange Pause)* Da fällt mir nichts dazu ein.
F.: Traum.
B.: Schlafen.
F.: Geborgenheit.
B.: Familie.
F.: Liebe.
B.: Familie.
F.: Treue.
B.: Beziehung.
F.: Aggression.
B.: Streitereien.

F.: Schlange.
B.: Zoo.
F.: Wenn ich das Wort *Schuld* sage: Was fällt dir dazu ein?
B.: *(längere Pause)* Muß niemand bestimmter haben.
F.: Wer glaubst du, war an der Scheidung schuld?
B.: Mein Vater.
F: Warum?
B.: *(lange Pause)* Ich weiß nicht: Vielleicht hat sich meine Mutter wegen der ewigen Streitereien scheiden lassen.
F.: Möchtest du einmal heiraten?
B.: Ja.
F.: Fürchtest du, auch geschieden werden zu können?
B.: Wenn es besser ist, sich scheiden zu lassen, dann sollte man es tun.
F.: Hast du deiner Mutter Vorwürfe wegen der Scheidung gemacht?
B.: Nein.
F.: Hast du mit deinem Bruder über die Scheidung gesprochen?
B.: Ja. Wir sind froh, daß unsere Eltern jetzt geschieden sind und daß wir unseren Vater gar nicht brauchen. Jetzt haben wir ja wieder einen.
F.: Wieso seid ihr froh?
B.: Weil ich meinen Vater jetzt nicht mehr so mag.
F.: Wie hat denn dein Bruder die Scheidung verkraftet?
B.: Genauso wie ich. Er hat die gleiche Einstellung.
F.: Hast du deine Mutter jemals gefragt, warum sie sich scheiden lassen hat?
B.: Nein.
F.: Fühlst du dich jetzt sehr unwohl?
B.: Ein bißchen nervös bin ich.
F.: Warum?
B.: Ich weiß es nicht. Vielleicht wegen dem Thema.
F.: Bist du immer nervös, wenn es um dieses Thema geht?
B.: Nein, allgemein bin ich leicht nervös.
F.: Weißt du, ob in deinem Verhalten nach der Scheidung eine Änderung eingetreten ist?
B.: Nein. Ich kann mich nicht erinnern, wie ich früher war, da war ich noch zu klein dafür.

F.: Wie würdest du dein Temperament jetzt beschreiben?
B.: Manchmal zu laut und zu aufgeweckt. Aber es kommt darauf an, wo ich bin und ob ich mich wohlfühle oder nicht.
F.: Fühlst du dich mehrheitlich wohl?
B.: Schon.
F.: Bist du in der Schule gut?
B.: Durchschnittlich.
F.: Streitest du mit deiner Mutter?
B.: Nicht oft, nur manchmal.
F.: Worüber?
B.: Über allgemeine Dinge: Warum ich mit meinem Bruder streite? Warum ich eine schlechte Note nach Hause bringe?, und so Sachen halt.
F.: Hast du schon einen Freund?
B.: Nein.
F.: Würdest du von deinem späteren Freund Treue verlangen?
B.: Sicherlich!
F.: Hat dein Vater deine Mutter betrogen?
B.: Ja. Ich glaub', das war der Grund der Scheidung. Direkt hab' ich mit meiner Mutter noch nicht gesprochen. Es interessiert mich eigentlich nicht.
F.: Hast du bemerkenswerte Träume, Wünsche oder Sehnsüchte?
B.: Nein, hab' ich nicht.
F.: Die Frage erübrigt sich wohl, ob du möchtest, daß deine Eltern wieder zusammenkämen?
B.: Möchte ich nicht. Es ist genau richtig, wie es jetzt ist.
F.: Glaubst du, daß du aus der Scheidung deiner Eltern Vor- oder Nachteile gezogen hast?
B.: Ich glaub' eher Nachteile: den Durcheinander damals, als ich noch jung war.
F.: Was ist dir denn so an Durcheinander widerfahren?
B.: Der Umzug, der neue Vater.
F.: Wie hast du auf den Durcheinander reagiert?
B.: Überhaupt nicht besonders.
F: Hat sich dein Schulerfolg verändert nach der Scheidung?
B.: Nein. Ich war ja grade im ersten Schuljahr.
F.: Gut, Berta. Danke.

Versuch einer Interpretation

Berta scheint tatsächlich die Scheidung ohne *merkbare bleibende Folgen verarbeitet zu haben*. Ihre *völlig emotionslose, distanzierte* Einstellung zur Scheidung ihrer Eltern und ihre Gefühlsdistanzierung von ihrem Vater sprechen für eine gelungene Aufarbeitung des *Durcheinanders* nach der Scheidung vor sieben Jahre, an den sie sich zwar erinnert, der ihr aber nicht mehr nachzuhängen scheint. Ihre freien Assoziationen folgen dem Muster der logischen Verknüpfung, wie ihre gesamte Einstellung zu allen Problemen ihres jungen Lebens eine eher klare, vernünftige, übersichtliche zu sein scheint. Fast entsteht der Eindruck des gelungenen Durch- und Überblicks, ja der Frühreife. Der Autor kennt Berta auch als ein ganz natürliches, aufgewecktes, oft lachendes und nachgerade herzerfrischendes Mädchen. Sie zeigt keinerlei Verhaltensauffälligkeiten, wirkt nie gekünstelt oder bedrückt; „normaler" ginge es nicht mehr. Ihre einzige Assoziationshemmung bei Verschlungenwerden mag daher rühren, daß jemand, der den Wiederannäherungskonflikt mit seiner Mutter bewältigt hat, tatsächlich mit so einem unerwarteten und unüblichen Begriff ad hoc nichts anzufangen weiß. Berta scheint in einer lockeren, modernen Familie voll Liebe zu leben, in der sie mit „Vater" und Mutter umgeht, wie es nachgerade als ideal zu bezeichnen ist. Viele Verheiratete leben schlechter miteinander ...

Der Autor sieht in Berta den einzigen von ihm interviewten Jugendlichen, der die Scheidung seiner Eltern problemlos aufgearbeitet und überwunden zu haben scheint.

„Ich hab' gar nicht bemerkt, daß so vieles so sehr anders war" oder: die einsame Resignierende
Interview mit Anna C.

F.: Wie alt warst du, als sich deine Eltern scheiden haben lassen, und wie alt bist du jetzt?
A.: Fünf Jahre. Und im März werd' ich 14.
F.: Du lebst bei deiner Mutter?
A.: Ja.
F.: Ist deine Mutti wieder verheiratet?
A.: Nein.
F.: Hat sie einen Lebensgefährten?
A.: (lacht) Das ist im Moment nicht ganz sicher.
F.: Ist dein Vater wieder verheiratet?
A.: Nein. Er hat aber eine feste Freundin, die bei ihm wohnt.
F.: Wie oft besuchst du deinen Vater?
A.: Jede Ferien. Er wohnt in Tirol.
F.: Wie hast du von der Scheidung deiner Eltern erfahren?
A.: Ich hab' das anfänglich nicht ganz mitgekriegt, daß mein Vater nicht mehr da war. Er hat damals noch studiert, war immer nur am Wochenende da und hat auch noch nebenbei arbeiten müssen. Am letzten Tag meiner Zeit in Tirol sind wir, meine Eltern, ich und mein Bruder, essen gegangen, und da hat mir meine Mutti gesagt, daß wir am nächsten Tag nach Wien fahren würden. Ich hab' das damals gar nicht ernst genommen, und in Wien ist mir die erste Zeit auch gar nicht aufgefallen, daß mein Vater nicht mehr da war. Meine Mutter hat mir später dann erzählt, daß mein Bruder und ich dann irgendwann einmal gefragt hätten, warum der Papa denn nicht da sei. Da erst hätte sie uns ihre Trennung mitgeteilt.
F.: Wie lange nach Tirol war denn das?
A.: Das weiß ich nicht mehr. Eher bald danach.
F.: War das Alleinsein mit deiner Mutter und deinem Bruder in Wien für dich ungewöhnlich und beängstigend?

A.: Mir hat die neue Wohnung in Wien gut gefallen, und so hab' ich gar nicht bemerkt, daß so vieles so sehr anders war.
F.: In Tirol war der Vati auch oft nicht da?
A.: Er hat am Abend gelernt, und wir haben ihn dabei nicht stören dürfen.
F.: Erinnerst du dich an sonst etwas aus der Zeit der Ehe deiner Eltern?
A.: Einmal, nach dem Mitagessen, hat mein Bruder schlafen gehen müssen, und ich bin im Wohnzimmer geblieben und hab' dort gehört, wie meine Eltern in der Küche gestritten haben.
F.: Hast du dich gefürchtet?
A.: Schon. Ich hab' bei solchen Gelegenheiten angeblich immer gesagt (ich kann mich daran nicht mehr erinnern, meine Mutter hat es mir aber erzählt): *Ich geh' zur Mama, und mein Bruder bleibt beim Papa.*
F.: Das heißt, die Trennungsabsichten deiner Eltern waren dir schon vor dem Umzug bekannt?
A.: *(zögernd)* Ich erinnere mich jetzt, daß meine Eltern, bevor wir nach Wien gezogen sind, schon öfter gestritten haben.
F : Weißt du, warum sich deine Eltern scheiden haben lassen?
A.: Weil mein Vater keine Zeit mehr gehabt hat für uns – glaub' ich zumindest.
F.: Hast du deinen Vati noch lieb?
A.: Ja!
F.: Was fällt dir dazu ein, daß du damals gesagt hast: Ich geh' zur Mutti, und mein Bruder geht zum Vati?
A.: Mein Bruder hat mich ziemlich genervt. Er ist mir überallhin nachgegangen. Wenn ich irgendwo alleine sein wollte, war er trotzdem immer da. Vielleicht wollte ich mich, wenn sich schon meine Eltern trennen, auch von meinem Bruder trennen?
F.: Wie du nach Wien gezogen bist, hat sich da in deinem Verhältnis zu deinem Vater etwas geändert?
A.: Ja. Mit meinem Vater hab' ich vor der Scheidung nie viel reden können; da hat er mich immer weggeschickt. Nach der Scheidung ist er zu mir gekommen und hat mich gefragt, wie es mir geht. Mein Verhältnis zu ihm ist *besser geworden*.

F.: Wie war das mit deiner Mutter?
A.: Vor der Scheidung war sie daheim und hat immer auf meinen Vater gewartet, Und nach der Scheidung ist sie viel fortgegangen, tanzen und ähnliches. Sie hat mir aber nie darüber erzählt, als ich noch klein war. Nach und nach hat sie mir es erst gestanden, wenn sie jemanden kennengelernt hatte.
F.: Wer hat denn auf euch Kinder aufgepaßt, wenn die Mutti weggegangen war?
A.: Am Anfang war es eine Bekannte meiner Mutter, und ab der 2. oder 3. Volksschulklasse waren wir dann alleine am Abend.
F.: Hast du dich einmal gefürchet vor deinem Vater?
A.: Nein. Eher vor meiner Mutter.
F.: Warum und bei welcher Gelegenheit?
A.: Wenn ich etwas anstell', ist sie zu meinem Bruder auch nicht grade nett und umgekehrt halt. Da schreit sie manchmal – und wie ich kleiner war, hat mich das irgendwie daran erinnert, wie sie mit meinem Vater gestritten und geschrien hat – da hab' ich mich immer gefürchtet vor ihr.
F.: Träumst du über die gemeinsame Zeit deiner Eltern?
A.: Nein.
F.: Erinnerst du dich an Albträume?
A.: Nein, so etwas hab' ich nie gehabt.
F.: Würdest du dir wünschen, daß deine Eltern wieder beisammen sind?
A.: *(bestimmt)* Nein.
F.: Warum nicht?
A.: Erstens einmal ist es schon so lange her, und zweitens gefällt es mir besser, wie sie jetzt sind und nicht wie sie vorher waren. Außerdem ist es für mich ein Vorteil, weil ich so immer in den Urlaub fahren kann zu meinem Vater. Und das Verhältnis zu meinem Vater und zu meiner Mutter ist besser so, als wenn sie zusammen wären.
F.: Wie spricht deine Mutter über deinen Vater?
A.: Sie mag ihn nicht, aber sie sagt, sie könne uns nicht verbieten, zu ihm zu fahren. Nach der Scheidung hätte sie ihn richtig gehaßt, hat sie mir einmal erzählt.
F.: Glaubst du, leidet dein Vater unter der Scheidung?

A.: Das ist schwer zu sagen: Bei meinem Vater merkt man nicht, wenn er leidet. Er *verdrängt* immer alles.
F.: Deine Mutti hat offensichtlich gelitten?
A.: Ja.
F.: Hast du unter der Scheidung deiner Eltern gelitten?
A.: Soweit ich mich heute erinnern kann, was ich damals gefühlt hab', nicht.
F.: Hast du nie den Wunsch gehabt, daß deine Eltern wieder beisammen wären?
A.: Am Anfang, wie ich mitbekommen hab', daß ich meinen Vater jetzt nur mehr in den Ferien seh', hab' ich mir schon oft gedacht, *es wär' besser, er wäre wieder da.* In der Schule haben die anderen immer erzählt, wie sie halt daheim reden mit den *Eltern,* mit *beiden,* und da hab' ich mir gewünscht: Es wäre besser, wenn meine Eltern wieder *beisammen* wären. Aber jetzt denk' ich mir: besser nicht.
F.: Wär's dir recht, wenn deine Mutti einen Mann und du einen Ersatzvater hättest?
A.: Also, ich brauch keinen Ersatzvater. Ich denk' mir: Der kann mir *jetzt* eh nicht mehr *viel* helfen.
F.: Früher hätte er dir geholfen?
A.: Ja, es wär' möglich gewesen, wenn ein zweiter Vater ganz von Anfang an dagewesen wäre, und meine Mutter gleich *danach wieder* geheiratet hätte.
F.: Was hätte dir der gegeben? Was hat dir gefehlt?
A.: *Als Vater da sein. Einfach, daß er da ist.* Ich hab' ja meinen Vater auch nicht oft gesehen!
F.: Was wäre anders gewesen, wenn dein Vater dagewesen wäre?
A.: *(lange Pause)* Da wäre alles ganz *anders.*
F.: Was verstehst du unter ganz *anders?*
A.: Ich glaub' eher, daß mein Vater mir mehr erlauben täte als meine Mutter. Wenn sie zusammen wären ... Mein Vater würde für mich meine Mutter überreden, daß *sie mir* mehr erlaubt. Wenn meine Mutter nicht die ganze Zeit so *alleine* gewesen wäre, wäre sie anders zu mir.
F.: Ich nenne dir jetzt ein paar Begriffe, und du antwortest mir mit dem Begriff, der dir sofort einfällt, ohne nachzudenken: Scheidung.

A.: Ist besser, als wenn die Eltern immer streiten.
F.: Vater.
A.: *(nach* einer Pause) Ein netter Mensch.
F.: Mutter.
A.: *(lange Pause)*
F.: Getraust du es dich nicht zu sagen?
A.: *Es fällt mir nichts ein dazu.*
F.: Angst.
A.: *(lange Pause)* Nichts.
F.: Schlange.
A.: *Lieb.*
F : Wieso sagst du bei Schlange lieb?
A.: Mit gefallen diese Tiere. Mich fasziniert, daß sie sich ohne Hände und Füße bewegen können.
F.: Verschlingen.
A.: *Das ist ein Blödsinn.*
F: Was fällt dir zu *Treue* ein.
A.: Ist wichtig.
F.: Geborgenheit?
A.: Ist auch wichtig.
F.: Einsam.
A.: *(lange Pause)* Nichts.
F.: Ehe.
A.: Soll man nicht zu früh schließen.
F.: Sagt das deine Mutti?
A.: Weiß ich nicht. Müßt' ich sie fragen.
F.: Wie stehst du zur Treue deines zukünftigen Mannes?
A.: *(lange Pause)* Wenn 's einmal passiert, würd' ich verzeihen.
F.: Streit.
A.: Tu ich oft.
F.: Schuld.
A.: *Fällt mir nichts ein.*

Versuch einer Interpretation

Anna scheint sich vor ihrer Mutter zu fürchten und getraut es sich nicht einzugestehen. Sie lebt ja von ihr, und der geliebte Vater ist weit weg. Dort soll er auch bleiben: Wenn sie zu ihm fährt, hat sie ihn alleine für sich – ohne Mutter. Die Wiederannäherungsphase an ihre Mutter scheint schiefgelaufen zu sein. Bei *Verschlungenwerden* fällt ihr dazu nichts ein. Sie rationalisiert es als *Blödsinn*. Anna scheint überdies überzeugt zu sein, (Mit-)Schuld an der Trennung ihrer Eltern zu haben: wegen ihres frühkindlichen (= magischen) und wahrgewordenen Wunsches, nach einer Trennung der Eltern zur Mutter gehen zu wollen. Der ursprünglich verdrängte Wunsch fällt ihr beim Interview prompt ein. Die Angst vor der Entdeckung ihrer Trauer um den Vater durch die Mutter schlägt bis in die freie Assoziation durch: Der Vater ist „nur" *ein netter Mensch*. Er könnte auch durch einen anderen Mann ersetzt werden – vorgeblich. Die tiefsitzende Angst blockiert auch so manche andere freie Assoziation: Bei Angst bleibt die Antwort aus, ebenso bei Mutter. Auf die Frage, *ob sie sich nicht getraue „es" zu* sagen, entschuldigt sie höflich: Mir fällt dazu nichts ein. Offensichtlich wird ihr Gefühl ihrer Mutter gegenüber durch ihr Überich zensiert. *Streng sein* ist das Äußerste, was sich Anna ihrer Mutter zuzuschreiben getraut. *Wenn der Vater da gewesen wäre, wäre die Mutter anders.* Schließlich resignierend: *Der* (Stiefvater) *kann mir jetzt eh nicht mehr viel helfen.* Auch bei *Schuld* und *einsam* ist Anna gehemmt. Sie ist neben (mit?) ihrer Mutter einsam und fühlt sich (mit-)schuldig. Wäre der Vater nicht fort, *wäre alles ganz anders.*

„Es ist vorbei, es war einmal" oder: die „coole" Rationalistin
Interview mit Beate D.

F.: Du bist jetzt fünfzehn. Wie alt warst du, als sich deine Eltern scheiden haben lassen?
B.: Elf. Mein Vater hat immer viele Freundinnen gehabt, aber meine Mutter hat das immer schon gewußt. Sie hat es schon die längste Zeit geahnt, aber immer gehofft, er würde sich noch ändern. Sie hat ihn irrsinnig gern gehabt. Sie hat ihn auch sehr früh geheiratet. Sie hatten sich jedenfalls ausgemacht, mir gemeinsam zu sagen, daß sie sich scheiden lassen würden. Und dann hat es mir mein Vater alleine gesagt. Das hat mich gestört.
F.: Wie war denn das Familienleben vor diesem Ereignis?
B.: Mein Vater war immer nett zu uns – und wenn er ein schlechtes Gewissen hatte, hat er meiner Mutter ein Geschenk mitgebracht – *das ist aber bei jedem so*. Er war immer lieb zu ihr und zu uns. Sogar wenn sie sich stritten, sind sie immer ins Nebenzimmer gegangen – sie wollten mich und meine Schwester nicht damit belasten.
F.: Haben deine Eltern viel gestritten?
B.: Nein. Erst während der Scheidungszeit hab' ich es mitbekommen.
F.: War es eine einvernehmliche Scheidung?
B.: Einvernehmlich. Mein Vater war zwar einverstanden – aber im Grunde genommen hat er meine Mutter noch immer sehr lieb. Sie verstehen sich auch jetzt wieder.
F.: Hat deine Mutter nochmals geheiratet?
B.: Nein. Sie hat aber einen Freund und lebt mit ihm zusammen.
F.: Du hast also einen Quasistiefvater?
B.: Er ist eher wie ein Freund zu mir.
F.: Du sagst nicht *Vati* zu ihm?
B.: Nein. Er benimmt sich auch nicht, als ob er mein Vater wäre sondern *ganz normal*.
F.: Wie oft siehst du deinen Vater noch?

B.: In letzter Zeit weniger, früher häufig am Wochenende.
F.: Hat sich deine Mutter nach ihrer Scheidung in ihrem Wesen euch gegenüber verändert?
B.: Sie ist ruhiger geworden und hat sich besser gefühlt, das hat man gemerkt. Sie war nicht mehr so nervös.
F.: War sie über die Scheidung traurig?
B.: Nein, erleichtert. Sie hat sich gedacht, sie könne so nicht mehr weiterleben; sie ist ja praktisch unterdrückt und dauernd hintergangen worden. Das hat sie nicht fair gefunden – und uns gegenüber auch nicht.
F.: Hat sich in deinem Verhältnis zur Mutter seither etwas geändert?
B.: Nein. Wir verstehen uns genausogut wie vorher.
F.: Hat sich dein Verhältnis zu deinem Vater verändert?
B.: Na ja – verändert nicht, ich mein', ich seh' ihn seltener. Ich kann jetzt besser mit ihm reden. Wenn ich ihn nicht sehen will, so seh' ich ihn einfach nicht. Das hängt von mir ab. Und dessen ist er sich bewußt.
F.: Hast du deinen Eltern jemals Vorwürfe wegen ihrer Scheidung gemacht?
B.: Nein. Ich hab' es nur von meinem Vater nicht fair gefunden, es mir alleine gesagt zu haben, wo es doch anders ausgemacht war zwischen den beiden. Dabei hat er meine Mutter schlecht dargestellt: Sie wolle die Scheidung und er doch gar nicht – in diesem Moment war ich sogar auf meine Mutti angefressen.
F.: Hättest du es lieber, daß deine Eltern noch beisammen wären?
B.: *(entsetzt und wie aus der Pistole geschossen)* Nein! Meine Mutter fühlt sich jetzt viel wohler! Ich versteh' mich mit beiden Teilen, und sie versteh'n sich auch noch. Sie telefonieren hin und wieder mitsammen – und es ist besser so.
F.: Wenn du vom Wohlfühlen deiner Mutter absiehst – würdest *du* dich wohler fühlen, wenn dein Vater noch bei dir wäre?
B.: Nein! Ich versteh' mich mit ihm und aus. Er ist mein Vater und er kümmert sich um mich – *aber es hat sich durch die Scheidung nichts verändert für mich.*
F.: Hat sich in deinem Wesen etwas seit der Scheidung geändert?
B.: Nein – außer daß ich älter geworden bin!

F.: Warst du damals traurig über die Scheidung deiner Eltern?
B.: Am Anfang schon.
F.: Wie hat sich das geäußert?
B.: Schlechte Noten in der Schule, andauernd mißgelaunt sein, *das ist ja eh klar* – und nachher hat es sich wieder gegeben. Wenn man älter wird, versteht man das ja besser.
F.: Führst du deine schlechten Schulerfolge auf die Scheidung deiner Eltern zurück?
B.: Eigentlich nicht. Ich glaub', daß ich da eher selbst schuld daran war und gedacht hab': *Jetzt hab' ich eine Ausrede dafür, daß ich schlecht sein kann!* Im Unterbewußtsein! Kann ich mir zumindest jetzt vorstellen.
F.: Wie hat sich deine Traurigkeit geäußert?
B.: Einfach durch Deprimiertsein. Total eingeschlossen sein in mich, im Für-sich-selbst-Leben.
F.: *Was* hat dich so traurig gestimmt?
B.: Nach außen haben sich meine Eltern immer gut verstanden – und dann hat mein Vater so viele Freundinnen gehabt. Ich hab' nicht verstanden, wie ein Mensch soviel verheimlichen kann.
F.: Hast du dich von deinem Vater *betrogen* gefühlt? Eine Art Vertrauensmißbrauch?
B.: Irgendwie hintergangen.
F.: Wann kam denn der Freund deiner Mutter?
B.: Sie hatte kurz nach der Scheidung einen und jetzt seit kurzem einen anderen. Meine Mutter wollte gar keinen Freund mehr, und meine Schwester und ich haben ihr monatelang zugeredet, sie solle doch wieder ausgehen – sie ist ja noch jung, keine 35 Jahre alt! Ich find es gut, daß meine Mutter jetzt einen Freund hat. Ich versteh' das auch.
F.: Meinst du, hat deine Mutter unter dem Weggang deines Vaters sehr gelitten?
B.: Ich glaub' schon – zumindest ist das mein Eindruck. Aber dann hat sie es verkraftet.
F.: Ist dein Vater wieder verheiratet?
B.: Nein. Und Freundin hat er auch keine. Im Moment.
F.: Gibt es Tendenzen, daß dein Vater und deine Mutter wieder zusammenziehen?

B.: Nein. Das will *ich* nicht. Mein Vater will es, er sagt es mir auch immer wieder. Aber meine Mutter will es auch nicht. Uns zuliebe – glaube ich zumindest. Weil sie meint, daß es nicht fair war, wie er sie und *uns* behandelt hat.
F.: Welches Gefühl hast du, wenn dein Vater zu dir sagt, er möchte wieder mit der Mutti zusammenleben?
B.: Da sag' ich: Das geht nicht. Es geht auch nicht mehr. Es ist vorbei, es war einmal.
F.: Meinst du, leidet dein Vater unter der Scheidung?
B.: Ja. Jetzt sagt er, er würde die Fehler nie wieder machen. Dabei macht er sie alle weiter. Meine Eltern waren 14 Jahre lang verheiratet, und er hat Mutter von Anfang an betrogen! Okay, ein paar Jahre ist es vielleicht gutgegangen – aber dann hat es angefangen.
F.: Hast du deinen Vater gern?
B.: Schon. Aber ich leb' lieber bei meiner Mutter. Mit ihr kann ich über alles reden, und mein Vater ist wechselhaft.
F.: Hast du Vorteile aus der Scheidung deiner Eltern gezogen?
B.: Nein, überhaupt nicht.
F.: Mehr Urlaub, mehr Geld?
B.: Nein. Eher weniger Geld. Aber das spielt keine Rolle – Hauptsache, wir fühlen uns *alle* wohl.
F.: Mit *alle* meinst du eure zerbrochene Familie?
B.: Ja.
F.: Wurdest du von deinen Eltern jemals geschlagen?
B.: Nein. Nie.
F.: Gehen wir auf deine Schulleistungen zurück. Meinst du wirklich, daß es für dich nur eine willkommene Gelegenheit war, nichts mehr lernen zu müssen?
B.: Ich war nie gut in der Schule, und ich hab' nie besondere Lust gehabt zu lernen. Damals ist es mir dann *noch dreckiger* gegangen, und da hab' ich noch weniger Lust gehabt zu lernen, *logischerweise*.
F.: Du gibst jetzt zu, daß es dir *dreckig* gegangen ist?
B.: Ja. Ich hab' meine Eltern nicht verstanden. Nach außen hat es so ausgesehen, als ob es eine glückliche Ehe wäre, und nach innen hin war es das überhaupt nicht. Das war nicht *fair*.

F.: Ich nenn' dir jetzt einige Begriffe, und du antwortest mit dem ersten, der dir dazu einfällt, ja?
B.: Ja.
F.: Ehe.
B.: Blödsinn.
F.: Angst.
B.: Oft.
F.: Schuld.
B.: Manchmal.
F.: Geborgenheit.
B.: Schön, gut.
F.: Vater.
B.: War gemein.
F.: Treue.
B.: Selten. Es gibt selten eine Ehe, in der es kein Fremdgehen gäbe.
F.: Traum.
B.: Schöne.
F.: Hast du jemals Albträume gehabt?
B.: Ja.
F.: Kannst du mir einen erzählen?
B.: Einmal ist meine Schwester fast vergewaltigt worden, und nachher hab' ich Albträume gehabt.
F.: Keine Träume im Zuge der Scheidung deiner Eltern?
B.: Nein, überhaupt nicht.
F.: Möchtest *du* heiraten?
B.: Ja.
F.: Du glaubst an das Halten einer Ehe?
B.: Das hängt von beiden ab. Ich meine, man muß die Fehler des anderen akzeptieren können. *Wenn mein Freund fremdginge, ich würde es akzeptieren.* Wenn er es mir sagen würde; wenn nicht, und ich draufkäme, dann nicht.
F.: Einmal, öfter?
B.: Nur einmal. *Nur* ist gut ... Ja, *einmal*.
F.: Machst du deiner Mutter Vorwürfe wegen der Scheidung?
B.: Nein. Ich finde es richtig. Ich versteh 's.
F.: Wer war schuld an der Scheidung?

B.: Mein Vater. Eindeutig.
F: Machst du *deswegen* deinem Vater Vorwürfe?
B.: Ja, schon. Nachher kann man immer alles bereuen. Er hätte es vorher wissen müssen.
F.: Hast du dich nach der Scheidung an deine Schwester gehalten?
B.: Nein, eher an meine Mutter. Sie hat mich irrsinnig gut verstanden, daß ich meinen Vater immer gern gehabt hab'; meine Mutter hat mir da schon sehr geholfen. Sie hat mir erklärt, daß sie das alles auch nicht gewollt hatte, und gehofft, ich würde sie verstehen, wenn ich größer bin.
F.: Hast du damals geweint, als sie dir das erklärt hat?
B.: Mhm. Ja. Weil er nicht mehr da war.
F.: Glaubst du, daß du die Scheidung deiner Eltern ohne gröbere Schrammen überstanden hast? Oder fällt dir zu Scheidung noch etwas ein, das du mir noch sagen möchtest?
B.: Nein, ich hab' das gut überstanden.
F: Würdest du sagen, du leidest nicht mehr darunter?
B.: Jetzt nicht mehr. Wie ich kleiner war sicherlich. Ich meine, es war ja eine Umstellung des Alltäglichen damals.

Versuch einer Interpretation

Beate ist das Musterbeispiel für eine Frustrationsaufarbeitung durch den Abwehrmechanismus der Rationalisierung. Sie sieht alles ein, versteht alles, auch ihren Vater, akzeptiert sein Verhalten rein logisch (*... das ist aber bei jedem so!*), *verzeiht* es ihm aber nicht. Die scharfe Trennung zwischen akzeptieren und verzeihen wird am Beispiel mit ihrem Freund ersichtlich: ein – *faires* – Eingeständnis seines hypothetischen (!) Fehltrittes würde sie akzeptieren, ein Verheimlichen nicht. Sie ist fast fanatisch auf Fairneß, ihre Gefühle unterdrückt sie (vorderhand) meisterlich. Das erkennt man an ihren Assoziationen: Ehe – Blödsinn, aber Geborgenheit – *schön, gut.* Selbst ihre Sehnsucht nach Geborgenheit rationalisiert sie: *schön* und *gut* sind keine Gefühlsbezeichnungen, sondern je ein sachlicher und moralischer Terminus. Auch ihre Angst quantifiziert sie bloß: mit *oft* assoziiert sie. Und vom Zurück ihres Vaters will sie rein gar nichts wissen: Das ist ihr zu gefährlich, da wäre ihre Rationalabwehr gefährdet, da käme wieder Gefühl mit ins Spiel. Das will sie nicht – und das sagt sie über ihren Vater ganz cool: Er möge gefälligst vorher denken und nicht nachher bereuen. Denken ist alles, Fühlen nur (vorgeblicher) Luxus. Das lange Leiden ihrer Mutter ist ihr Warnung: Diese hat zu lange *gehofft* und zugesehen. Das will sich Beate ersparen und nicht auch selbst erleben. Sie ist (über-)wachsam. Wahrscheinlich sehnt sich Beate nach Wärme und Geborgenheit, nach Zuwendung und Liebe: und hat gleichzeitig Angst davor. Die Fassade ihrer Abwehr würde zersplittern – aber bei einer gelungenen Liebe auch gar nicht mehr nötig sein.

„Ich möcht' so werden wie mein Vater" oder: die gelungene Identifikation eines Vaterfans

Interview mit Gerhard L.

F.: Du bist jetzt 17, Gerhard. Wie alt warst du, als sich deine Eltern scheiden haben lassen?

G.: Zwölf. Es war vor fünf Jahren.

F: Ist es damals für dich überraschend gekommen?

G.: Sehr – ich war der einzige in der Familie, der es nicht überrissen hat. Mein Bruder hat es gewußt – er ist fünf Jahre älter als ich –, und mir hat *man* es nicht gesagt. Wahrscheinlich, weil ich der Jüngste war. Ich dürfte zu der Zeit sehr naiv gewesen sein und hab' das ganze wirklich nicht bemerkt: Zwar hat meine Mutter phasenweise im Büro geschlafen und mir gesagt, sie müsse am nächsten Tag früh arbeiten, dann hat das mein Vater gemacht – und ich hab' erst nach einem längeren Gespräch erfahren, was tatsächlich los war. Ich glaube, es war die Absicht meiner Eltern, es mir erst relativ spät zu sagen, damit es mich nicht überrumpelt.

F.: Wer ist nach der Scheidung ausgezogen?

G.: Mein Vater. Er hat schon vor der Scheidung auswärts gewohnt und sich eine eigene Wohnung angeschafft gehabt – das war rund ein Jahr vor der Scheidung gewesen. In diesem Jahr hat es auch begonnen, daß meine Eltern abwechselnd auswärts geschlafen haben. Die Wohnung meines Vaters ist dann etwa ein Vierteljahr vor der Scheidung fertig geworden.

F.: Weißt du, was die Ursache der Scheidung war?

G.: Ich würde sagen, meine Eltern haben eigentlich von Anfang an nicht zusammengepaßt und sich dazu noch auseinandergelebt.

F.: Sie waren doch an die 20 Jahre verheiratet? Hat dein Vater deine Mutter betrogen?

G.: Betrügen hat es *nie* gegeben.

F.: Was hat dann nach 20 Jahren den Ausschlag gegeben, daß sie sich getrennt haben?

G.: Die Gründe, daß sie sich nicht früher scheiden haben lassen, waren nur wir zwei, mein Bruder und ich.

F.: Kannst du dich an Streite erinnern?
G.: An keine lautstarken und an keine mit Gewaltanwendung. Es ist immer recht fair abgelaufen. Keine Auseinandersetzungen.
F.: Machst du heute einem deiner beiden Elternteile einen Vorwurf, daß sie sich haben scheiden lassen?
G.: Es ist sicher keine Seite schuldlos. Ich glaube aber, ich habe ihnen gar nichts vorzuwerfen: *Es war ihre Ehe, und da müssen die beiden Partner wissen, was sie tun.*
F.: Siehst du deinen Vater noch?
G.: Ja. Durchschnittlich zwei- bis dreimal pro Monat. Es gibt aber auch Phasen, da seh' ich ihn jede Woche ein paarmal.
F.: Wie hast du denn reagiert, als du erfahren hast, daß sich deine Eltern scheiden lassen wollen?
G.: Ich war geschockt.
F.: Wie hat sich das geäußert?
G.: Ich hab' weinend das Zimmer verlassen und mich zurückgezogen; ich wollte niemanden mehr sprechen. *Bis dann mein Vater gekommen ist* und mit mir nochmals darüber geredet hat, alleine. Gut, ich hab' mich mehr oder weniger damit abgefunden und bin dann auch, glaube ich, als Reaktion darauf in der vierten Klasse durchgefallen.
F.: In welcher Form erfolgte die Mitteilung deiner Eltern?
G.: Es war eine ganz normale Familienversammlung im Wohnzimmer. Wir sind alle rund um den Tisch gesessen, ich glaub' ich bei *meiner Mutter auf dem Schoß* – in dem Alter noch! –, *weil ich irgendwie ein schlechtes Gefühl gehabt hab'*, und dann haben sie es uns gesagt. *An das Detail, wie sie es uns gesagt haben, kann ich mich nicht mehr erinnern.* Ja, und dann hab' ich das Haus verlassen *und bin trainieren gegangen.* Ich hab' damals leidenschaftlich gerne Tischtennis gespielt und hab' dann ein Jahr lang keinen Strich mehr für die Schule getan und bin als Folge davon auch prompt durchgefallen.
F.: Aber nicht mit Absicht? Oder doch?
G.: Es war, glaube ich, nicht mein Hintergedanke zu sagen: Ich flieg jetzt durch, damit mich meine Eltern mehr beachten und daß sich daraus wieder *etwas* ergibt! Es war mehr oder minder eine indirekte Reaktion. *Ich hab' einfach nicht mehr gewußt, was ich*

jetzt machen soll. Zu Hause dürfte ich mir irgendwie alleine vorgekommen sein, und weil ich halt nicht gewußt hab, was ich mit meiner Zeit anfangen soll. Mein Bruder war auch mehr auswärts als daheim. Ich war viel alleine zu Hause.
F.: Du hast sehr viele Tage und Nächte alleine verbracht?
G.: *(sarkastisch)* Sehr viele! Eben deshalb dürfte ich eine Abwechslung dazu gesucht haben: das Tischtennisspielen. Ich hab' den Kontakt mit anderen Menschen gesucht. Und die Schule hat mich damals nicht interessiert. Ich hab' mir gedacht: Wozu mach' ich die Schule überhaupt noch? *Ich werde eh nicht beachtet, egal, ob ich gute* oder *schlechte Noten heimbring'!*
F.: Wer hat sich dann schlußendlich um dich gekümmert?
G.: Zuerst mein Bruder; der hat immer schon gerne darauf geachtet, daß ich in der Schule klarkomme. Er hat damals mehr oder weniger die Vater- und Mutterrolle übernommen, gezwungenermaßen.
F.: Magst du deinen Bruder?
G.: Damals hab' ich ihn gehaßt. *Ich hätte ihn sogar ein- oder zweimal fast umgebracht ...* Es sind da Glasgegenstände durch die Wohnung geflogen. Jetzt ist es ... tja ... starke Bruderliebe. Das hat sich ab dem Zeitpunkt geändert, als er ausgezogen ist.
F.: Ist dieser Haß erst im Scheidungsschock aufgetaucht, oder war er schon vorher da?
G.: Der war schon vorher da. Ich nehme an, es war dadurch bedingt, daß wir gemeinsam in einem Zimmer geschlafen und es den ganzen Tag hindurch geteilt haben und ich eigentlich nichts zu reden gehabt hab'.
F.: Hat sich deine Mutter in ihrem Verhalten dir gegenüber nach der Scheidung verändert?
G.: *(zögernd)* Ja. Ich würde sagen, vor der Scheidung war ich einfach der Kleinste in der Familie, das Kind und nicht vollwertig, und jetzt, da ich mit meiner Mutter alleine lebe, ist mehr ein *freundschaftliches, als ein Mutter-Kind-Verhältnis* daraus geworden. Ich werde in diverse Probleme mit einbezogen, ich find' das auch gut, daß es so ist.
F.: Hast du deiner Mutter jemals Vorwürfe gemacht, daß sie sich scheiden hat lassen?

G.: Ja, unmittelbar nachdem ich es erfahren hab', das ist klar. Ich hab' hauptsächlich geweint. *(Denkt lange nach.)* Dann hab' ich ihr, glaube ich, vorgeworfen, *daß sie in mein Leben reinpfuscht, weil ich Mutter und Vater brauche für mein Leben*, also eh so die normalen Vorwürfe eines ...

F.: Das ist gar nicht so normal! Hast du deinem Vater Vorwürfe gemacht?

G.: Eigentlich weniger.

F.: Du hast die Scheidung aus der Sicht des Vaters verstanden?

G.: Verstanden hab' ich sie von keiner Seite, aber mein Vater war für mich immer das Vorbild, und da ich ihn am Anfang nur eher relativ selten gesehen hab', hab' ich die wenige Zeit mit ihm nicht für Vorwürfe genützt.

F.: Ist er noch immer dein Vorbild?

G.: *(überlegt)* Vorbild, Vorbild. Es hat sich sicherlich geändert zu dem, wie ich ihn damals empfunden und gesagt hab': Ich möcht so werden wie mein Vater ... Aber wenn jemand aus seinem Leben etwas macht wie mein Vater, dann ist das schon zu bewundern, und dann könnte man sich das zum Vorbild nehmen. Mein Vater hat sicherlich einiges erreicht.

F.: Möchtest du, daß deine Eltern wieder zusammenziehen?

G.: *(bestimmt)* Nein. Weil ich weiß, daß es nicht gutgeht.

F.: Möchtest du heiraten?

G.: *(langes Zögern)* Tja, eigentlich nicht. Und wenn, dann erst ein bisserl später, sprich nach Studium, vielleicht nachdem ich eine Arbeit hab' und sonstiges.

F.: Fürchtest du, daß deine Ehe auch scheitern könnte?

G.: Ich bin ein sehr launischer Mensch. Nein, ich hab' weniger Angst, daß die Ehe in Brüche gehen könnte, dafür aber davor, daß ich Studium und Arbeit zurückstecken müßte.

F.: Ich nenn' dir jetzt ein paar Begriffe, und du assoziierst frei darauf ... Ehe.

G.: Scheidung.

F.: Vater.

G.: Vorbild.

F.: Mutter.

G.: Freundschaft.

F.: Traum.
G.: Albtraum.
F.: Erzähl mir den Inhalt eines deiner Albträume von damals.
G.: Das war recht kompliziert: Ich hab' mich in einem umgedrehten Kegel befunden, an dessen Seite ein Weg in die Spitze hinunterführte und wo von ganz oben eine große Kugel wegrollte, und ich stand ganz unten, und am Ende des Traums drückte mich die Kugel immer in die Spitze. Diesen Traum hab' ich damals fast jeden Tag gehabt.
F.: Du erinnerst dich noch an einen anderen Albtraum?
G.: Na ja, so diverse Träume halt, wo man am Ende ertrinkt oder erschlagen wird. Viele Träume, wo ich zuletzt gestorben bin.
F.: Angst.
G.: *(zögert)* Selten.
F.: Schlange.
G.: Freundin.
F.: Verschlungenwerden.
G.: Gefahr.
F.: Treue.
G.: *(langes Schweigen; dann)* Da kommt nichts.
F.: Scheidung.
G.: Probleme.
F.: Glaubst du, hast du Vorteile aus der Scheidung gezogen?
G.: Ja, ich denke schon: Gewisse Erfahrungen, die meine Eltern gemacht haben und die dann zu ihrer Scheidung geführt haben, diese nicht mehr zu machen.
F.: Beispiele?
G.: Sie haben relativ rasch geheiratet, nachdem sie sich kennengelernt hatten, der Grund dafür war, glaube ich, mein Bruder. Ich hoffe, daß ich erst nach reiflicheren Überlegungen heirate und daß es dann die Richtige sein wird.
F.: Du hast ja jetzt eine Freundin. Wie lange schon?
G.: Bald eineinhalb Jahre.
F.: Wie würdest du auf ihren Treuebruch reagieren?
G.: Das kann ich nicht beurteilen, das wird sicherlich einige Folgen nach sich ziehen, ich kann diese aber jetzt noch nicht abschätzen, *ja sie mir nicht einmal vorstellen.*

F.: Bist du von deinen Eltern jemals geschlagen worden?
G.: Geschlagen direkt nicht, aber so die „g'sunde Watsch'n" war sicherlich drinnen.
F.: Ruft dich dein Vater an, oder rufst du ihn an?
G.: Ich telefoniere recht oft mit ihm, weil mein Bruder jetzt im Moment bei ihm wohnt. Und wenn ich meinen Bruder besuche, sehe ich auch meinen Vater.
F.: Siehst du ihn gerne?
G.: Ich seh' ihn sehr gerne.
F.: Hast du deinen Vater noch immer gern?
G.: Keine Frage.
F.: Wie würdest du derzeit das Verhältnis deiner Eltern beschreiben?
G.: Sie verstehen einander, es gibt aber relativ wenig Kontakt.
F.: Hat deine Mutter wieder einen Mann?
G.: Sie hat einen Freund seit vier Jahren, mein Vater ist wieder verheiratet.
F.: Magst du deine Stiefmutter?
G.: Sie ist recht sympathisch, und sie paßt sicherlich *besser* zu meinem Vater als meine Mutter.
F.: Wie stehst du zum Freund deiner Mutter?
G.: Er ist relativ jung, und er ist zu mir eher *ein Freund oder wie ein zweiter Bruder.*
F.: Bist du jetzt wieder ein guter Schüler?
G.: Mehr oder minder. Der Grund für meine Veränderung: Ich hab' voriges Jahr eine Nachprüfung gehabt und ich möcht' das nicht nochmals mitmachen.
F.: Hat deine Freundin Anteil daran, daß du jetzt mehr lernst?
G.: Ja. Sie hat eigentlich dazu beigetragen, daß ich das Vorjahr geschafft hab'.

Versuch einer Interpretation

Gerhard verehrt seinen Vater nach wie vor: Der ist ihm Vorbild, er verzeiht ihm, er eifert ihm nach, der Vater hat es zu etwas gebracht. Um so mehr distanziert er sich von seiner Mutter: Sie ist ihm nur *Freundin; sie* hat ihn *viel* alleine gelassen, und der – damalige – Haß auf seinen Bruder hat sich im Grunde genommen gegen seine Mutter gerichtet. Er leidet auch unter einem Beziehungsdefizit zur Mutter: Dieses Manko wird durch seine – frühe – Freundin kompensiert, in der er primär seine Mutter idealisiert: *Sie hat ihn zum Lernen gebracht.* Seit die Freundin auf ihn schaut, empfindet er auch wieder Zuneigung zu seinem Bruder, der ihm nie Vater-, aber ungeliebter Mutterersatz war. Sein Vater hat nach dem Glauben Gerhards seine Mutter auch nie betrogen – ein hehres Vaterbild steht. Daher ist der Freund der Mutter – er ist *jung!* – Gerhard auch nur ein „Freund" und „Bruder". Gerhard spielt den Umstand, daß er damals bei seiner Mutter auf dem Schoß gesessen sei, sofort herunter: Weil er *ein schlechtes Gefühl* gehabt hat. Als Folge des Schocks kann er sich aber an weitere Details nicht erinnern. Beruhigt hat er sich jedenfalls erst, als *sein* Vater ihm das Ganze nochmals erklärt – *alleine.* Dafür kommt der Vorwurf an seine Mutter massiv: *Zu Hause dürfte ich mir irgendwie alleine vorgekommen sein, und ich hab' halt nicht mehr gewußt, was ich mit meiner Zeit anfangen soll.* Die Vorwürfe an die Mutter reißen nicht ab: *Dann hab' ich ihr, glaube ich, vorgeworfen, das sie in mein Leben reinpfuscht, weil ich Mutter und Vater brauche für mein Leben.* Sofort wird diese Attacke gegen das Überich (du sollst Vater und Mutter lieben!) aber rationalisiert: *also eh so die normalen Vorwürfe.* Der Konflikt mit seiner Mutter ist nicht ausgestanden, der Schock ihres Reinpfuschens sitzt tief. Das drückt sich vor allem in seinem Albtraum aus: Er kommt nicht mehr in seine Mutter zurück, obwohl ihn seine Probleme immer mehr zu erdrücken scheinen. Den Vater nimmt er dagegen immer in Schutz: *Ich hab' die wenige Zeit mit ihm nicht für Vorwürfe genutzt.* Hochinteressant ist auch die Verzögerung der Antwort Gerhards bei Angst und dann – rationalisierend – die Assoziation mit *selten;* auch daß er bei *Schlange* mit *Freundin* assoziiert. Das könnte auf die Besetzung seiner Freundin mit Mutter hinweisen: der Urobäus, die Schlange, die sich in den Schwanz beißt, symbolisiert phylogenetisch die Symbiose von Kind und Mutter und ontogenetisch die Einheit der Welt, das Paradies. Gerhards Wiederannäherungsphase an die Mutter scheint nicht gelungen und erst jetzt über seine Freundin aufgearbeitet zu werden. Daher assoziiert Gerhard bei *Verschlungenwerden* mit *Gefahr.* Anders beim Begriff der Treue: Hier *kommt nichts*. Offenbar glaubt er seinem Vater dessen Treue nicht, von der Gerhard aber intellektuell (den Vater quasi in Schutz nehmend) überzeugt ist; unbewußt zweifelt er daran, kann es sich aber nicht eingestehen. Er weiß daher auch keine Antwort, wie *er* reagieren würde, wäre ihm seine Freundin untreu.

„Ich möchte überall gut sein" oder: die Überangepaßte

Interview mit Sabine R.

F.: Du bist jetzt 18. Wie alt warst du, als sich deine Eltern scheiden ließen?
S.: Vier Jahre.
F.: Da wirst du dich ja nicht mehr daran erinnern können?
S.: Überhaupt nicht.
F.: Bei wem wohnst du?
S.: Bei meiner Mutter.
F.: Kennst du deinen Vater?
S.: Ja.
F.: Hast du irgendwelche Erinnerungen an die Zeit, als deine Eltern noch beisammen waren?
S.: Ja. Ich erinnere mich an Weihnachten. Ich war mit meinem Vater in der Küche, und das Christkind ist gekommen. Es hat geklingelt, ich bin ins Wohnzimmer gegangen, und dort war meine Mutter. Das ist die einzige Erinnerung an die Zeit vor der Scheidung meiner Eltern.
F.: Wie hast du von der Scheidung deiner Eltern erfahren?
S.: Ich kann mich daran nicht erinnern. Ich kann mich auch nicht erinnern, gefragt zu haben, wo mein Vater ist.
F.: In deiner Erinnerung steht immer nur deine Mutter?
S.: Ja.
F.: Ist deine Mutter wieder verheiratet?
S.: Ja.
F.: Wie oft siehst du deinen Vater?
S.: Eine Zeitlang hab' ich ihn regelmäßig gesehen, also jeden Monat, und jetzt treffen wir uns, wenn wir uns zusammenrufen. Nach der Scheidung hab' ich ihn - glaube ich - eine Zeitlang überhaupt nicht gesehen.
F.: Warum nicht?
S.: Das weiß ich nicht mehr. Wie ich fünf war, sind wir einmal gemeinsam auf Urlaub gefahren. Erst wie ich in die Volksschule

gegangen bin, haben wir uns jedes erste Wochenende im Monat gesehen.
F.: Kannst du dich daran erinnern?
S.: Ja.
F.: War deine Mutter damals schon verheiratet?
S.: Ja. Sie hat geheiratet, wie ich sechs war.
F.: Von vier bis sechs warst du mit deiner Mutter alleine?
S.: Ja.
F.: Ist dir aus dieser Zeit etwas in Erinnerung?
S.: Alles.
F.: War deine Mutter zu dir irgendwie verändert nach der Scheidung?
S.: Nein.
F.: Hat sie dir von deinem Vater erzählt?
S.: Kaum.
F.: Weißt du, warum sich deine Eltern scheiden haben lassen?
S.: Ich kann mich nur an einen Streit erinnern. Wir waren alle im Vorzimmer, und meine Eltern haben sich angeschrien, und dann hab' ich zum Heulen angefangen.
F.: Haben dir deine Mutter und dein Vater jemals erzählt, warum sie sich scheiden haben lassen?
S.: Nein.
F.: Ist darüber niemals gesprochen worden?
S.: Nein.
F.: Hast du nicht gefragt?
S.: Nein. Gestritten hatten sie sich.
F.: Hat deine Mutter dir jemals über deinen Vater erzählt?
S.: Ja, eher negativ.
F.: Hat dein Vater über deine Mutter gesprochen?
S.: Positiv.
F.: Weißt du, wer die Scheidung betrieben hat?
S.: Das weiß ich nicht.
F.: Ist dein Vater wieder verheiratet?
S.: Er hat öfter wieder geheiratet. Er hat jetzt die fünfte Frau.
F.: Hast du Geschwister?
S.: Mein Stiefvater hat eine Tochter. Sie kommt regelmäßig am Wochenende zu uns.

F.: Wie verstehst du dich mit deinem Stiefvater?
S.: Sehr gut.
F.: Sagst du zu ihm *Vati?*
S.: Ja.
F.: Du siehst in ihm deinen echten Vater?
S.: Ja. Er hat auch mitzubestimmen, wann und ob ich ausgehe. Das akzeptiere ich auch.
F.: Läßt du dir von deinem echten Vater etwas sagen?
S.: Wenn ich bei ihm bin, schon.
F.: Was macht ihr, wenn ihr beisammen seid?
S.: Essen gehen.
F.: Kümmert sich dein Vater um deine schulischen Probleme?
S.: Er erkundigt sich schon, wie 's mir in der Schule geht.
F.: Wie ist dein Verhältnis zu deinem Vater? Besser als zu deinem Stiefvater?
S.: Das kann man nicht vergleichen, da ich mit meinem Stiefvater ja zusammenlebe. Wenn man ein paarmal essen geht, kann man nicht viel streiten.
F.: Hast du deiner Mutter jemals Vorwürfe gemacht, daß sie sich scheiden hat lassen?
S.: Nein.
F.: Warst du traurig, als dein Vater weg war?
S.: Nein, überhaupt nicht. Ich hab' auch nie gefragt, wo er ist.
F.: Es muß doch für ein vierjähriges Kind ein ziemlich einschneidendes Erlebnis gewesen sein, wenn der Vater plötzlich weg ist?
S.: Ich kann mich aber überhaupt nicht an so etwas erinnern. Er ist mir überhaupt nicht abgegangen.
F.: Glaubst du, hat deine Mutter unter der Scheidung gelitten?
S.: Als Kind habe ich nichts davon gemerkt, aber aus Erzählungen weiß ich, daß meine Mutter unter der Scheidung sehr gelitten hat. Sie hat damals etliche Kilo abgenommen.
F.: War sie nach der Scheidung verändert zu dir?
S.: Nein.
F.: Sind deine Eltern schuldig oder einvernehmlich geschieden?
S.: Ich weiß es nicht.
F.: Kannst du mir einen Grund sagen, warum ihr nie darüber geredet habt? Das ist doch eine naheliegende Frage?

S.: Es hat mich nie interessiert. Es ändert ja nichts mehr dran.
F.: Interessiert dich wirklich nicht, warum sich deine Eltern scheiden haben lassen?
S.: Ich glaub', mein Vater hat eine Freundin gehabt.
F.: Die Mutti hat das nie gesagt?
S.: *(Pause):* O ja. Ich glaube, angedeutet hat sie das schon.
F.: Wann hat sie das angedeutet?
S.: Wie ich etwa zehn war.
F.: Du hast nie die Frage gestellt: Mama, warum muß ich immer zum Papa fahren und warum ist der nicht da?
S.: Nein.
F.: Könnte man sagen, dein echter Vater ist nahtlos durch deinen Stiefvater ersetzt worden?
S.: Ja.
F.: Aber da war doch ein zweijähriges Loch?
S.: Er ist mir nie abgegangen. Zumindest kann ich mich nicht daran erinnern.
F.: Kannst du dich erinnern, was du bis vier Jahre für ein Temperament gehabt hast?
S.: Ich glaub' ruhig.
F.: Warst du immer schon so ruhig, wie du jetzt bist?
S.: Ja.
F.: Bist du von deinen Eltern jemals geschlagen worden?
S.: Nein, nie.
F.: Die zweite Ehe deiner Mutter ist harmonisch?
S.: Ja.
F.: Hat sich für dich nach der Scheidung deiner Eltern irgend etwas geändert?
S.: Nein.
F.: Ist dir jemals der Gedanke gekommen, daß dein Vater und deine Mutter wieder beisammenlebten?
S.: Nein.
F.: Du wünscht es dir auch nicht?
S.: Nein. Ich bin mit meinem Stiefvater einverstanden. Es würde nicht klappen. Mein Vater hat immer wieder neue Freundinnen.
F.: Weißt du warum?
S.: Nein.

F.: Hast du Vorteile aus der Scheidung gezogen?
S.: Ja, sicher, materielle. Ich krieg mehr Geschenke und mehr Geld, alles doppelt, und im Urlaub bin ich auch immer öfter weggefahren: mit meiner Mutter und mit meinem Vater.
F.: Wie stehst du denn zu den Frauen deines Vaters?
S.: Bis jetzt hab' ich mit allen ein gutes Verhältnis gehabt.
F.: Und mit deinem Vater?
S.: Auch.
F.: Wie ist das Verhältnis mit deiner Mutter?
S.: Gut.
F.: Fragt dich dein Vater nach deiner Mutter aus?
S.: Nein.
F.: Fragt dich deine Mutti, was du mit deinem Vater gemacht hast?
S.: Ja. Auch wie die jeweils neue Frau ist.
F.: Meinst du, daß deine Mutter der Ehe noch nachtrauert?
S.: Nein. Sie ist glücklich. Nachtrauern tut sie ihm nicht.
F.: Hast du deinen Eltern ihre Scheidung je vorgehalten?
S.: Nein.
F.: Wenn du das Wort *Scheidung* hörst: Was fällt dir dazu ein?
S.: Da denk' ich an mich. Und dann an meine Stiefschwester. Wenn wir gemeinsam auf Urlaub waren, haben wir den anderen Kindern immer erklären müssen, was das ist, eine Scheidung. Die haben das nie kapiert. Nur wir zwei haben es verstanden.
F.: Hast du dich jemals leid gesehen als Scheidungskind.
S.: Nein.
F.: Du würdest also sagen, daß die Scheidung deiner Eltern für dich völlig unproblematisch war?
S.: Ja.
F.: Wie war das bei deiner Stiefschwester?
S.: Da war es problematischer. Sie war sehr traurig darüber und hat auch mit den Nerven zu tun gehabt. Ihre Mutter hat sie nämlich genommen und gesagt: Wir fahren ins Schwimmbad. Sie sind gefahren, aber nie mehr zurückgekommen. Mein Stiefvater hat es auch nicht gewußt, daß die beiden plötzlich wegziehen, und auch geglaubt, die gehen nur schwimmen. Da hat meine Stiefschwester angeblich einen Schock gehabt.
F.: Wie alt war sie damals?

S.: Ich glaube, genauso alt, wie ich war: vier Jahre.
F.: Hast du eine Erklärung, wieso für dich die Scheidung deiner Eltern scheinbar so unproblematisch war?
S.: Vielleicht weil meine Mutter Volksschullehrerin ist und Ahnung von kleinen Kindern hat.
F.: Ich nenn' dir ein paar Begriffe und du sagst mir, ohne nachzudenken, den erstbesten Begriff, der dir einfällt, ja? Angst
S.: Traum.
F.: Das mußt du mir erklären.
S.: Als Kind hab' ich oft schlecht geträumt. Dann bin ich zu meinen Eltern gegangen und hab' dort weitergeschlafen.
F.: Zu deinen *Eltern?*
S.: Zu meiner Mutter und meinem Stiefvater. Meine Mutter ist dann in mein Zimmer weiterschlafen gegangen, und ich hab' bei meinem Stiefvater geschlafen. Ihr war es zu dritt zu eng. Und ich hab' mich bei meinem Stiefvater sichergefühlt.
F.: Kannst du mir den Inhalt eines deiner Albträume erzählen?
S.: Da war ich in einem Raum von Turnsaalgröße mit lauter Tieren, die mich herumgeschubst haben. Meine Mutter ist dazwischen herumgelaufen, und ich hab' nicht zu ihr gekonnt. Auch sie wollte zu mir, aber die Tiere – Elefanten und so – haben mich immer weitergeschubst.
F.: Assoziieren wir weiter: Ehe.
S.: Mutter und Vater.
F.: Schuld.
S.: Geld.
F.: Kind.
S.: Ich.
F.: Möchtest du heiraten?
S.: Ja.
F.: Möchtest du Kinder haben?
S.: Ja.
F.: Hast du Angst, daß deine Ehe auch in Brüche gehen könnte?
S.: Nein.
F.: Noch eine Assoziation: Treue.
S.: Da fällt mir nichts dazu ein ... nichts ... absolut nichts.
F.: Noch immer nicht?

S.: *(lacht)* Da fällt mir wirklich nichts dazu ein.
F.: Ist doch hochinteressant, oder?
S.: Schon.
F.: Wie stehst du zur Treue?
S.: Ich bin dafür.
F.: Ist dir die Untreue deines Vaters keine Warnung?
S.: Schon.
F.: Erwartest du von deinem Freund oder Mann mehr Treue, als dein Vater deiner Mutter gegenüber bewiesen hat?
S.: *(lacht)* Sicherlich.
F: Würdest du auf Treue pochen?
S.: Ja.
F: Würdest du dich deswegen scheiden lassen?
S.: Bei *einem* Treuebruch vielleicht nicht, aber wenn es öfter vorkommt?
F.: Glaubst du, hat dein Vater deine Mutter öfter betrogen?
S.: Ich glaub' schon.
F.: Findest du die Reaktion deiner Mutter richtig, daß sie sich von deinem Vater deswegen hat scheiden lassen?
S.: Ja.
F.: Warst du immer eine gute Schülerin?
S.: Ja.
F.: Interessiert es dich, fällt es dir leicht oder beides?
S.: Es fällt mir zu. Ich lerne sehr leicht, sehe alles vor mir.
F.: Von klein auf?
S.: Ja.
F.: Hast du dir schon einmal Gedanken gemacht über deine wirklich überdurchschnittlich ruhige Art?
S.: Nein.
F.: Ist deine Mutter auch ruhig?
S.: Nicht so ruhig wie ich. Wenn ich mit Freunden zusammen bin, bin ich ohnedies auch laut. In der Pause bin ich auch nicht so ruhig. Und in Physik, da red' fast nur ich. Ich sag' aber nur dann etwas, wenn ich weiß, daß es absolut richtig ist.
F.: Hast du Angst, etwas Falsches sagen zu können?
S.: Ich mag nichts Falsches sagen.
F.: Warum nicht?

S.: *(lange Pause)* Wer mag das schon?
F.: Es gibt viele Leute, die sagen auch Falsches; Hauptsache, sie hören sich reden.
S.: Ich möchte eben gut sein.
F.: Warum möchtes du gut sein?
S.: Weil ich ehrgeizig bin. Ich möchte überall gut sein.
F.: Hast du eine Erklärung *dafür?*
S.: Nein.
F.: Hilfst du deiner Mutter?
S.: Ja.
F.: Möchtest du auch zu deiner Mutter *gut* sein?
S.: Ja.
F.: Möchtest du zu deinem Stiefvater *gut* sein?
S.: Ja.
F.: Bist du *sehr* hilfsbereit?
S.: Nein.
F.: Hilfst du im Haushalt?
S.: Selten.
F.: Wie äußerst sich dann das Gutsein deiner Mutter gegenüber?
S.: Wir haben nie Streit, ich bin nett zu ihr, sie ist nett zu mir. Wenn sie was sagt, so tu ich es.
F.: Tust du immer, was man dir sagt?
S.: Ja.
F.: Streitest du mit deinem Freund?
S.: Meinungsverschiedenheiten haben wir schon. Aber nur kurze.
F.: Schreist du ihn dabei an?
S.: *(lacht)* Ja. Aber dann wird auch er laut.
F.: Noch eine Assoziation: *Schmerz.*
S.: Arzt.
F.: Streit.
S.: Versöhnung.
F.: Lernen.
S.: Schule.
F.: Mutter.
S.: Vater.
F.: Möchtest du zum Thema Scheidung noch etwas sagen?
S.: Nein.

F.: Zum Abschluß eine letzte Assoziation: verschlungen werden.
S.: Tier.
F.: Welches Tier?
S.: Schlange.
F.: Wenn wir auf deinen Traum zurückgehen: Fällt dir dazu noch etwas ein?
S.: Daß es meine Mutter war, zu der ich wollte. Mit der war ich ohnedies zusammen. Wenn ich zu meinem Vater gewollt hätte, wäre es logisch: Durch die Scheidung bin ich ja nicht mehr zu ihm gekommen.
F.: Wahrscheinlich liegt in deinem Traum mehr Sprengstoff, als du auf dem ersten Blick ahnst. Fällt dir zu dem Traum nichts mehr ein?
S.: Ich kann mich nur ganz genau an die Bilder im Traum erinnern. Und daß ich viel geweint hab' dabei.

Versuch einer Interpretation

Sabines Traum deutet auf eine vorerst nicht gelungene Wiederannäherungsphase an ihre Mutter. Durch den fehlenden Vater zu dieser Zeit (der erst später durch den einfühlsamen und von Sabine geliebten Stiefvater ersetzt worden ist) *scheint* diese erst später (?) geglückt. Sabines nachgerade auffälligen Anpassungstendenzen, ihre Höflichkeit und extrem kurzgehaltenen Antworten dürften allerdings auf ein ausgeprägtes Konfliktvermeidungsverhalten hinweisen und könnten als Abwehrmechanismus der „Reaktionsbildung" gedeutet werden. Dafür scheint auch zu sprechen, daß Sabine es stets vermied, mit ihren Eltern über deren Scheidung zu reden. Sabines Überzeugung, von der Scheidung ihrer Eltern gar nicht berührt worden zu sein, *dürfte* also gar nicht den Tatsachen entsprechen. Sabines Überanpassung könnte vielmehr einen gehörigen seelischen Aufwand signalisieren, den sie zur Abwehr ihrer unbewältigten und uneingestandenen, aber tiefsitzenden Konfliktscheue aufrechterhalten muß. Wahrscheinlich ist auch, daß Sabine als Reaktion auf die nicht abschließbare Phase der Dreierbeziehung – der Vater verließ die Familie gerade zur Zeit der aktivsten Triangulierung! – verstärkt zur Mutter zurückwollte, von dieser aber –

unbewußt – zurückgewiesen worden war. Das Kind löste den Konflikt durch Anpassung, indem es die verweigerte Zuwendung akzeptierte und lernte, in Zukunft Konflikte zu meiden. Im Traum trat der ungelöste Konflikt wieder zutage.

„Ich hab' eigentlich mehr einen Vater dazugewonnen als einen verloren" oder: der freie Männersohn
Interview mit Fritz T.

W.: Fritz, du bist jetzt 15. Wann haben sich deine Eltern scheiden lassen?
F.: Vor elf Jahren, da war ich vier.
W.: Kannst du dich daran noch erinnern?
F.: Vage.
W.: Siehst du deinen Vater noch?
F.: Ja, oft. Einmal die Woche.
W.: Was macht ihr da gemeinsam?
F.: Wenig. Meistens eß', lern' und übernacht' ich bei ihm.
W.: Ist dein Vater wieder verheiratet?
F.: Er hat meistens Freundinnen. Zur Zeit ist er alleine.
W.: Du wohnst aber noch bei der Mutti?
F.: Ja.
W.: Ist sie wieder verheiratet?
F.: Seit fünf Jahren.
W.: Wie verstehst du dich mit deinem Stiefvater?
F.: Gleich gut wie mit meinem eigenen. Ich hab' also zwei Väter!
W.: Sagst du zu deinem Stiefvater auch *Vater*?
F.: Ich sag' zu keinem Elternteil Vater oder Mutter. Ich nenn' sie beim Vornamen.
W.: Von klein auf?
F.: Nein. Mit zehn Jahren hab' ich gemeint, es wäre jetzt irrsinnig cool, nicht mehr *Vati* oder *Mutti* zu sagen.
W.: Wie haben sie das aufgenommen?
F.: Das war irgendwie so ein Übergang. Zu meinem Vater hab' ich bald den Vornamen gesagt, *aber meine Mutti ruf ich jetzt auch noch manchmal Mutti. Einfach aus Gewohnheit.*
W.: Weißt du den Grund der Scheidung deiner Eltern?
F.: Mein Vater hatte sich in eine andere Frau verliebt.
W.: Kannst du dich erinnern, als deine Eltern zusammen waren?

F.: Kaum.
W.: Bist du ein guter oder ein schlechter Schüler?
F.: Ich hab' jetzt das erste Mal zwei Fünfer.
W.: Weißt du warum?
F.: Ich war jetzt nach Weihnachten zwei Wochen lang krank.
W.: Spricht dein Vater über deine Mutter?
F.: Meine Mutter und mein Vater haben jetzt ein recht gutes Verhältnis. Besser als vorher. Sie gehen öfter gemeinsam aus, ins Theater etwa.
W.: Was sagt denn dazu dein Stiefvater?
F.: Der versteht sich auch gut mit meinem Vater. Es verstehen sich alle drei gut.
W.: Es geht deine Mutter mit ihren beiden Männern fort?
F.: Das kommt schon vor.
W.: Möchte dein Vater zu deiner Mutter wieder zurück?
F.: Nein, keiner will mehr mit dem anderen leben müssen. Aber freundschaftlich sind sie sehr gut.
W.: Dein Vater ist für dich alimentationspflichtig?
F.: Ja, allerdings unter dem Betrag, den er zahlen müßte. Meine Mutter wollte ihn nicht so belasten; sie geht ja auch arbeiten und verdient recht gut. Mein Vater hat dagegen kaum je Geld – und gibt es gerne aus. *Mir geht es eh gut.*
W.: War die Scheidung deiner Eltern dramatisch?
F: Ich glaub', es hat erst Streitereien gegeben, nachdem mein Vater meiner Mutter gesagt hat, daß er eine andere Frau liebt. Mein Vater ist ja schon lange vor der Scheidung in eine Wohngemeinschaft gezogen. Da war ich zwei Jahre alt. Ich war oft bei ihm und wollte einmal sogar von meiner Mutter ausziehen, weil in der Wohngemeinschaft auch andere Kinder waren. Dort hat es mir besser gefallen als zu Hause. Meine Mutter hat das damals sehr geschockt. Ich wollte dann aber schlußendlich doch nicht dort bleiben, weil ich gesehen hab', daß es gar nicht so lustig ist, und bin wieder zu meiner Mutter zurück!
W.: Hat deine Mutti damals schon einen Mann gehabt?
F.: Nein, meinen Stiefvater hat sie erst kennengelernt, wie ich in die erste Klasse Volksschule gegangen bin. Vorher hatte sie unterschiedliche Freundschaften.

W.: Du hast also von zwei bis sechs Jahren mit deiner Mutti alleine gelebt?
F.: Ja. Wir haben aber eine Nachbarsfamilie mit zwei kleinen Kindern gehabt und waren zusammen eine große Familie.
W.: Hast du in dieser Zeit einen Vater gehabt?
F.: Ja, ich hab' ihn oft gesehen, ein-, zweimal die Woche.
W.: Kein Haß deiner Mutter auf den Vater?
F.: Nein. Mein Vater hat ja meiner Mutter sofort gesagt, daß er eine andere Frau liebt; er hat ihr nichts verheimlicht. Sie hatten sich ja ausgeredet.
W.: War deine Mutti damals unglücklich?
F.: Nein. Einmal wollte sie sogar, daß ich für meinen Vater zu seinem Geburtstag ein Bild male. Daraus schließe ich, daß sie gut waren miteinander.
W.: Hast du deiner Mutti jemals Vorwürfe gemacht, daß sie sich scheiden hat lassen?
F.: Nein.
W.: Hast du deinem Vater Vorwürfe gemacht, daß er deine Mutter betrogen hat?
F.: Nein.
W.: Findest du Scheidung normal?
F.: Schau'n Sie: *Wenn er sich in eine andere Frau verliebt, hat es eigentlich keinen Sinn mehr; dann war das richtig von ihm, daß er es sofort gesagt hat.*
W.: Hast du irgendwelche Albträume, die dich bedrücken?
F.: Ich verarbeite in meinen Träumen Tagesreste. Meistens träume ich auf Filme bezogen und nicht auf mein Familienleben.
W.: Kannst du dich an Streitigkeiten mit deiner Mutti erinnern?
F.: Hauptsächlich wegen der Schulnoten.
W.: Hast du das Gefühl, daß du deinen Vater durch die Scheidung zuwenig siehst? Oder triffst du ihn ohnedies ausreichend?
F.: *Ich glaub', ich bin jetzt besser dran, als wenn meine Eltern noch beisammen wohnen würden.* Erstens kann ich mich entscheiden, ob ich bei meiner Mutter leben will oder bei meinem Vater. Zweitens würd' ich mich mit meinem Vater nicht so gut verstehen, wenn ich länger mit ihm zusammen wäre. Ich weiß das noch von einer Reise mit ihm in die USA. Da haben wir ziemli-

che Streitereien gehabt! *Er ist mir sehr ähnlich.* Einmal haben wir in Chicago darum gestritten, ob wir uns in einem Lokal in die Raucher- oder in die Nichtrauchersektion setzen. Und weil wir uns nicht einigen konnten, sind wir gar nicht essen gegangen. Er hat mir dann gedroht, mich nach Hause zu schicken, wenn ich mich weiterhin so blöd aufführe.
W.: Du meinst, ihr seid beide ziemlich stur?
F.: Ja.
W.: Ist dir dein Vater ein Vorbild?
F.: Teilweise. Ich mein', er hat auch Fehler. Er kann zum Beispiel mit Geld nicht umgehen. Und das ist ein Makel.
W.: Was ist er denn von Beruf?
F.: Akademiker bei einer Behörde. Er hat in Bologna studiert.
W.: Mit wem identifizierst du dich mehr: mit deinem echten Vater oder mit deinem Stiefvater?
F.: *Ich werd' meinem Stiefvater immer ähnlicher!* Wenn er mir erzählt, was er in seiner Jugend alles gemacht hat, und was ich jetzt tu! Da sind wir uns verdammt ähnlich – wie wenn wir verwandt wären. Körperlich werde ich meinem Vater immer ähnlicher: von der Nase her, und wie ich schlafe, hat mir meine Mutter erzählt. *Vom Denken her werde ich auch meinem Vater immer ähnlicher.*
W.: Freut dich das?
F.: *Es freut mich eigentlich schon.*
W.: Liebst du deinen Vater noch?
F.: Ja.
W.: Deine Mutti auch?
F: Ja.
W.: Deinen Stiefvater auch?
F.: Schon, ja. *Ich hab' eigentlich mehr einen Vater dazugewonnen als einen verloren.*
W.: Machen wir ein paar freie Assoziationen. Wenn ich dir einen Begriff nenne, antwortest du mit dem, was dir *sofort* darauf einfällt. Zum Beispiel: rot.
F.: Rot? Ampel.
W.: Genauso. Ehe.
F.: Familie.

W.: Scheidung.
F.: Treuebruch.
W.: Mutter.
F.: Vater.
W.: Traum.
F.: Kann schön sein oder nicht. Albtraum und so.
W.: Hast du schon einen gehabt?
F.: Ja, die man halt so hat. Einmal bin ich mit einem Flugzeug abgestürzt. Aber da hab' ich davor ein Buch über einen Flugzeugabsturz gelesen.
W.: Angst.
F.: *Wovor hab' ich Angst?*
W.: Nein, nicht wovor! Was dir einfällt!
F.: Schrecken.
W.: Schlange.
F.: Giftig.
W.: Treue.
F.: Verantwortung.
W.: Liebe.
F.: Rücksicht.
W.: Verschlungen werden.
F.: Essen und gegessen werden.
W.: Glaubst du, daß du unter der Scheidung gelitten hast?
F.: Ich glaub' nicht.
W.: Glaubst du, daß du auf die Scheidung irgendwie reagiert hast?
F.: *(langes Schweigen)* Ich glaub' nicht.
W.: Genierst du dich, wenn du sagen mußt, daß deine Eltern geschieden sind?
F.: Nein.
W.: Bist du manchmal als Scheidungskind diskriminiert worden?
F.: *Viele haben ja heute schon geschiedene Eltern! Also fällt das gar nicht mehr auf.*
W.: Noch eine freie Assoziation: Schuld.
F.: (Pause) Gewissen, *Verdrängung.*
W.: Was fällt dir zu Verdrängung ein?
F.: *Wenn man jemandem etwas angetan hat und man nicht weiter darüber nachdenkt.*

W.: Fällt dir dazu die Ehe deiner Eltern ein?
F.: *(zögerndes)* Nein, *kaum*. Ich glaub', *die beiden haben nicht besonders gut zueinandergepaßt*. Da kann man nicht von Schuld reden. Es hätte kommen müssen, daß sie sich trennen.
W.: Wer verdrängt sonst Schuld? Wer fällt dir dazu ein?
F.: Das dritte Reich, und wenn jemand sagt, er hat davon nichts gewußt. Das ist für mich eine Verdrängung der Schuld. Vor allem wenn ein solcher dann sagt, er ist ein Opfer.
W.: Möchtest du einmal heiraten?
F.: *Nein. Aber Kinder möcht' ich schon.*
W.: Warum möchtest du nicht heiraten?
F.: *Das hat hauptsächlich mit der Tradition und der Kirche zu tun.* Man kann zwar auch staatlich heiraten, das lehne ich aber ab. *Außerdem macht es meistens Schwierigkeiten.* Angefangen vom Scheidungskram bis zu den Alimenten.
W.: Aber wenn du nicht heiraten möchtest und dennoch Kinder willst, mußt du ja auch Alimente zahlen!
F.: *(langes Schweigen)* Schon, ja, aber ich mein': *Wozu muß man zum Beweis einer Liebe unbedingt verheiratet sein?*
W.: Warum hat dann deine Mutti nochmals geheiratet?
F.: Tja ... na ja ... ich denke, es ist schon ein bisserl ... na ja ... wieso ... das ist halt irgendwie der Lauf der Dinge, daß, wenn man sich wieder, wenn man einen anderen Mann findet, sich in denselbigen vielleicht verliebt.
W.: Meinst du, daß es einen Grund gehabt hat, daß sie ihn geheiratet hat?
F.: Das war eine Heirat aus Liebe, und nicht, damit sie nicht allein ist.
W.: Du würdest aus Liebe nicht heiraten?
F.: Nein. Auch nicht aus materiellen Dingen.
W.: Machst du deiner Mutter einen Vorwurf, daß sie nochmals geheiratet hat?
F.: Nein.
W.: Betrachtest du es als Fehler?
F.: Nein. Das war ihre Entscheidung, und ich find' es eigentlich nicht schlecht. Ich würd' halt nicht heiraten. Zusammenleben mit einer Frau, ja, aber nicht heiraten.

W.: Aus welchen Gründen?
F.: Es ist also ... äh ... na ja ... ich seh' einfach nicht ein, daß man heiraten muß. *Das ist irgendwie so ein Zwang.* Nicht zu heiraten wäre für mich eine Umdrehung des Zwanges, da kann ich etwas politisch verändern.
W.: Hast du sonst noch gesellschaftliche Zwänge, die du verändern möchtest?
F.: Einige. Den Zwang zum Bundesheer zu gehen zum Beispiel.
W.: Kommst du aus der sozialistischen Richtung?
F.: Ja. Mein Vater ist Marxist und meine Mutter konservative Sozialistin. Daher mein' ich ja, daß ich meinem Vater vom Denken her immer ähnlicher werde.

Versuch einer Interpretation

Fritz ist der totale Logiker. Selbst die Liebe ist für ihn logisch – und damit eigentlich farblos. Er kennt sie nicht, er weiß nur über sie, vom Hörensagen; er assoziiert (logisch) auf sie mit *Rücksicht.* Wenn überhaupt, ist sie etwas für Frauen – bei denen versagt Fritzens Logik sowieso. Seine Mutter hat wieder geheiratet, aber: *Das war ihre Entscheidung und ich find' es eigentlich nicht schlecht.* Er entschuldigt ihre Unlogik mit Logik: *das ist halt irgendwie der Lauf der Dinge, daß, wenn man sich wieder, wenn man einen anderen Mann findet, sich in denselbigen vielleicht verliebt.* Dabei stottert er ein bißchen; ganz sicher scheint sich Fritz nicht zu sein. Vielleicht ist auch ein bißchen Sehnsucht nach dem, das er nie kennengelernt hat, dabei. Für ihn ist Familie nur Assoziation auf Ehe – und beide will er eigentlich nicht. Er liebt die offene Beziehung – Kinder ja, Ehe nein, einmal bei der Mutter leben, dann wieder beim Vater. Zwang ist ihm ein Greuel – und Ehe ist Zwang. Eltern sind Versorgungseinrichtungen – *Mir geht es eh gut* –, ein zweiter Vater ist schlicht um einen mehr. Daher auch das *coole* Ansprechen mit Vornamen. Auf die Frage, ob er seine Eltern liebt, kommt nur ein (scheues?) „Ja". Verdrängung des Gefühlhaften, um unkomplizierter überleben zu können? Scheidung ist *Treuebruch* – logisch. Heirat ist – natürlich Zwang. Auch Schule ist ihm Zwang – er straft die Institution mit mäßiger Leistung; eine kurze Krankheit bringt ihm gleich zwei Nichtgenügend – seine Logik und Vernünftigkeit stehen also auf schwachen Beinen – wie seine ganze coole Abwehr, die Rationalisierung, die Gefahr laufen könnte zusammenzubrechen; dann nämlich, wenn seine Logik und Vernunft nicht mehr ausreichen, die Tücken der Welt zu erklären.

Und Logik und Vernunft erklären bekanntlich nicht *alles!*

„Er hat einmal sogar versucht, meine Mutter zu vergewaltigen" oder: der Haß auf den Mutterersatz

Interview mit David N.

F.: Du bist 14. Wann haben sich deine Eltern scheiden lassen?
D.: Vor ungefähr eineinhalb Jahren. Aber es folgten langwierige Prozesse, die sich bis dieses Jahr hinausgezögert haben. Wir haben auch einige blöde Richter gehabt – ich *hab' aber immer zu meiner Mutter gehalten.*
F.: Dein Vater ist schuldig geschieden?
D.: Ja. *Es hat sich alles zum besten gewendet.* Meine Mutter hätte alles noch hinauszögern und ihm Geld abknöpfen können – dann wären die Prozesse aber noch zwei weitere Jahre gelaufen. Das war ihr zuviel, sie wollte ihren Frieden.
F.: Weißt du, warum deine Mutter die Scheidung eingereicht hat?
D.: Es hatte schon die längste Zeit Probleme gegeben.
F.: Welche?
D.: *Mein Vater hat mich immer allein gelassen gehabt.* Er hat mich von der Schule abgeholt, nach Hause gebracht und ist dann weggegangen: auf drei, vier Stunden. Das hab' ich dann meiner Mutter erzählt, und die hat daraus die Konsequenzen gezogen. Meine Mutter hat dann nur mehr darauf gewartet, *daß ich ihr grünes Licht gebe.* Denn meine Mutter hat gesagt: Wenn ich nicht will, daß wir uns scheiden lassen, dann passiert es nicht. Ich hab' es am Anfang auch nicht gewollt. Dann hab' ich aber gesagt: *Jetzt ist die Zeit reif.*
F.: Deine Mutter geht offensichtlich ganztägig arbeiten?
D.: Ja.
F.: Hat dein Vater denn keinen Beruf gehabt?
D.: Doch, doch, er war bei der Gemeinde. Aber er hat auf mich nicht aufgepaßt!
F.: Du scheinst deinen Vater nicht sehr zu mögen?
D.: Ich hab' einfach das alles miterlebt, die Gründe der Scheidung.

F.: *Alles* und *Gründe* ist mir zuwenig. Wenn du nicht darüber reden willst ...
D.: Na gut. Er hat einmal sogar versucht, meine Mutter zu vergewaltigen. *Daraufhin hab' ich gelernt, ihn zu hassen.* Ich hab's miterlebt. Ich war wach. *Das war zuviel!*
F.: Was hast du denn dabei empfunden?
D.: Ich hab' mir gedacht, ich renn' ihn an und spring mit einem Karatesprung auf ihn zu *und hau ihn* beim Fenster raus. Das war mein erster Gedanke. Aber ich hatte doch mit elf gegen einen Menschen, der 1,92 Meter groß ist, keine Chance.
F.: War dein Vater damals betrunken gewesen?
D.: Eigentlich ja. Man hat es aber nicht gemerkt. Mein Vater hat von Zeit zu Zeit getrunken, man hat aber nicht viel gemerkt bei ihm, da er ja doch ziemlich kräftig gebaut ist – aber er hat öfter einen sitzen gehabt, und das war auch immer wieder ein Streitpunkt und ein Scheidungsgrund.
F.: Hat er eine Freundin gehabt?
D.: Anscheinend. Das heißt, jetzt weiß ich es ganz sicher.
F.: War die Situation zwischen deinem Vater und deiner Mutter immer schon so gespannt?
D.: Ja. Meine Großeltern haben die Situation damals aber verkannt und sich auf die Seite meines Vaters geschlagen gehabt. *Und ich bin mit meiner Mutter alleine dagestanden.*
F.: Warst du eigentlich immer auf der Seite deiner Mutter?
D.: Bevor ich in alle diese Situationen hineingezogen worden bin, hab' ich eigentlich beide sehr gern gehabt.
F.: Hat dich deine Mutter gegen deinen Vater beeinflußt?
D.: Sie hat nur gesagt: *Es hängt alles nur von mir ab, ob sie sich scheiden läßt oder nicht.*
F.: Ich find' das eine ganz tolle Aussage deiner Mutter. Wie bist du denn mit dieser Verantwortung zurechtgekommen?
D.: Angenommen, sie hätte sich scheiden lassen und ich machte ihr dann Vorwürfe: Das hättest du nicht machen sollen! Um das zu verhindern, *hat sie mich entscheiden lassen.*
F.: Hast du noch Kontakt mit deinem Vater?
D.: *Nein. Ich will ihn auch nicht sehen.* Er hat zu mir einmal gesagt, als ich gemeint hab', es sei jetzt besser, er ginge weg, daß *er kei-*

nen Sohn mehr hat. Na gut, dann hab' ich halt auch keinen Vater mehr, und damit hab' ich das ganze abgestellt wie einen Motor.

F.: Da muß aber die Beziehung schon vorher kaputt gewesen sein?

D.: Anscheinend ja.

F.: Hat sich dein Vater früher mehr um dich gekümmert?

D.: *Ich hab' immer gewußt, daß er da war. Er war immer zur Stelle, wenn ich ihn gebraucht hab'.*

F.: War er dir also damals ein guter Vater?

D.: Ich glaub' schon. Wie ich klein war, war er auf jeden Fall ein guter Vater. Es hat sich aber aufgehört, wie ich acht, neun Jahre alt war. Dann ist er viel weg gewesen, und da hab' ich es *verloren*, mit meinem Vater etwas zu unternehmen.

F.: War dir dein Vater damals ein Vorbild?

D.: Eigentlich nicht. *Ich hab' ihm sogar einmal ins Gesicht gesagt: So wie du möchte ich nie sein.*

F.: Wie alt warst du denn da?

D.: Zehn, elf glaub' ich.

F.: Weißt du noch, was diese Bemerkung bei dir ausgelöst hat?

D.: Das war eine Spontanreaktion. Ich hab' diesen Satz einfach hingeschmissen.

F.: Wieso warst du immer auf der Seite deiner Mutter?

D.: Sie hat sich viel um mich gekümmert. Sie ist um acht Uhr abends von der Arbeit nach Hause gekommen, und das erste, was sie mich gefragt hat, war: Wie geht es dir? Was ist los mit dir? Was war? *Alltägliche Frage halt, wie man sie von den Filmen her kennt.* Es ist ihr nie gutgegangen durch das viele Arbeiten – sie hat zwölf Stunden durchgearbeitet.

F.: Hast du da nie das Gefühl gehabt, daß du von deiner Mutter ein bißchen vernachlässigt worden bist?

D.: Nein. Sie hat mich ja immer gefragt, ob ich mir vernachlässigt vorkomme! Ich hab' ihr aber immer darauf geantwortet, ich kann es verstehen, daß sie so viel zu arbeiten hat: Wir haben ein Haus, eine Wohnung, das Geschäft, wir haben Angestellte – *das muß ja alles erhalten werden irgendwie. Das hab' ich immer bedacht, das ist immer vor mir gestanden, wenn ich mit ihr gesprochen hab – daß alles, was ich einmal haben werden, von ihr und meinem Großvater her stammen wird.*

F.: Mit deinem Vater hast du nie so eine verständige Beziehung aufgebaut?
D.: Eigentlich nicht. *Er hat sich später distanziert von mir.*
F.: Bist du nie mit einer Frage zu deinem Vater gegangen?
D.: Erinnern kann ich mich nicht daran.
F.: Leidest du unter der Scheidung?
D.: *Nein, ich hab' mich damit abgefunden.* Mit dem Satz: Er hat keinen Sohn mehr, war es für mich erledigt. *Da war er für mich nicht mehr ein Elternteil, sondern nur mehr ein Mann.*
F.: Warum hat dein Vater das gesagt?
D.: Weil ich gesagt hab', er solle gehen und mich in Ruhe lassen.
F.: Haßt du deinen Vater?
D.: Ich würde es nicht als Haß bezeichnen. Haß ist ein sehr hartes Wort. Ich kann ihn nur überhaupt nicht leiden.
F.: Hat deine Mutter wieder geheiratet?
D.: Ja. Vor einem Jahr.
F.: Wie stehst du zu deinem Stiefvater?
D.: Der ist total super! *Er kümmert sich um mich,* er kommt sehr früh nach Hause – er ist junger Arzt und noch im Turnus ...
F.: Ist er jünger als deine Mutter?
D.: Ja. Er ist 33 und meine Mutter ist 42. *Er ist immer für mich da, immer wenn ich ihn brauche,* ich kann mit ihm auch über Sachen diskutieren, die mich interessieren. *Ich kann mit ihm anders reden als mit meinem richtigen Vater.*
F.: Sagst du *Vati* zu ihm?
D.: Nein, *noch nicht.* Aber das kommt sicherlich. Jetzt ist es noch irgendwie verklemmt, aber ich verspür schon das Bedürfnis dazu. *Im Unterbewußtsein ist vielleicht noch etwas verankert von der Scheidung her.*
F.: Du *wünscht* dir also einen neuen Vater?
D.: Sozusagen ja. Seit ich gespürt hab', daß Spannungen zwischen meiner Mutter und meinem Vater waren, *hab' ich eigentlich keinen Vater mehr gehabt. Es war einfach mit der Zeit aus. Er war nicht mehr für mich da, und jetzt wünsch' ich mir eigentlich einen neuen Vater.*
F.: Du hast unter dem Nicht-Dasein deines Vaters gelitten?
D.: Anfänglich ja. Das schon.

F.: Hast du irgendwelche Albträume aus dieser Zeit?
D.: Das ist ja das Komische: *Alle in der Familie haben von ihm geträumt, nur ich nicht.* Ich hab' ihn gestrichen gehabt aus meinem Leben. Nur einmal hab' ich von ihm geträumt: *Da hab' ich ihn zusammengeschlagen. Das muß mein aggressives Unterbewußtsein sein.*
F.: Hast du auf den allmählichen Vaterverlust sonst irgendwie reagiert?
D.: In der zweiten Klasse hatte ich eine Nachprüfung. Ich glaub', die war auf die Scheidung zurückzuführen. Ich bin ganz einfach schlechter geworden daraufhin. *Ich war einfach blockiert.* Es war, als ob man etwas will, es ist aber eine irrsinnig hohe Mauer davor, und du kommst nicht drüber. *Mein Vater hat diese Mauer aufgebaut, immer dicker, immer höher. Diese Mauer hat mich blockiert: vor dem Lernen, vor dem Fröhlichsein. Es haben sich immer nur die negativen Dinge aus mir entwickelt.* Jetzt hab' ich das aber abgelegt.
F.: Bist du in der Schule jetzt besser?
D.: Ich hab' keine Nichtgenügend mehr. *Ich kann einfach wieder lernen, ich weiß wieder, wie es geht. Ich hab' jetzt wieder jemanden, der mich prüfen kann:* meinen Stiefvater. Er hat die Matura und weiß auch ziemlich viel. Er kann mir Dinge erklären, *und das find ich irrsinnig toll, daß ich jetzt jemanden hab, der mir das erklären kann, der mir hilft, wenn ich irgendwo Probleme hab, und der herkommt und mir sagt: Das machen wir jetzt durch, und das bügeln wir wieder aus. Ich hab' wieder gelernt zu lernen! Dieser Mensch hat etwas bewirkt in meinem Leben! Er hat mich wieder vorwärtsgebracht! Ich war ja ganz am Boden in der Zeit der Scheidung und hab' Dinge durchgemacht, die nicht angenehm waren, ...*
F.: Zum Beispiel?
D.: Meine Mutti ist meinem Vater hinterhergefahren, bis sie endlich auf die Idee gekommen ist, einen Detektiv zu engagieren. Ich bin beim Nachfahren immer mit ihr gewesen, *ich wollte sie nie alleine lassen.*
F.: Bist du dir da nicht komisch vorgekommen?
D.: Am Anfang ja. Wie ich dann älter war, nicht mehr.

F.: Habt ihr da nach dem Scheidungsgrund gesucht?
D.: Gesucht nicht. Meine Mutter wollte nur wissen, was er macht. Sie hat mir auch erzählt, daß sie bei einer solchen Aktion, bei der ich nicht dabei war, mein Vater gewürgt hat, bis sie ohnmächtig geworden ist.
F.: Wie bist du dir vorgekommen, deinen Vater zu bespitzeln?
D.: Ich hab' das recht interessant gefunden. Wir sind ihm beispielsweise einmal in ein Lokal gefolgt, und da waren auch Leute, die mit unseren Familienverhältnissen vertraut waren. So ein fetter Kloß hat zu meinem Vater gesagt: Nicht unterkriegen lassen! Und: Die Kleine kriegst du schon klein, oder so ähnlich. *Daraufhin hab' ich schon die Faust geballt gehabt und mich nur innerlich zurückgehalten.*
F.: Hast du nie Schuldgefühle gehabt, deinem Vater nachzufahren?
D.: Nein. *Nachdem er ja nie da war, hab' ich auch nicht gewußt, wie das ist, jemanden wiederzufinden!* Es war für mich einfach etwas Normales, hinter ihm herzufahren.
F.: Bist du dir vorgekommen wie in einem Kriminalfilm?
D.: Nein. Man muß unterscheiden zwischen Film und Realität. Nur im „Derrick" und „Tatort" ist das Nachfahren erregend. In Wirklichkeit ist das ganz anders. Da fährst du hinterher, um irgend etwas herauszufinden und bist eher verängstigt.
F.: Aber es war doch dein Vater!
D.: *Ich hab' ihn aber da nicht mehr als Vater angesehen!* Ich hab' ihn zwar so angesprochen, aber *der war schon so weit weg, daß ich ihn nur mehr als Person gesehen hab'.*
F.: Ich nenn' dir jetzt ein paar Begriffe, und du sagst mir, was dir sofort darauf einfällt. Ehe.
D.: *Für mich ist Ehe ...*
F.: Nicht erklären! Was dir einfällt!
D.: Geborgenheit.
F.: Treue.
D.: Muß unbedingt da sein in einer Ehe.
F.: Traum.
D.: *(Pause) Man sollte immer von etwas träumen können ...*
F.: Nicht erklären! Nur was dir sofort dazu einfällt! Schwarz.
D.: *Bedrückende Farbe.*

F.: Musikinstrument.
D.: *Stimmt manchmal fröhlich.*
F.: Scheidung.
D.: Trennung.
F.: Mutter.
D.: *Wichtige Bezugsperson.*
F.: Vater.
D.: *(Pause) Sollte auch eine Bezugsperson sein.*
F.: Schlange.
D.: *(Pause)* Ist für mich grauslich. Ekelig.
F.: Verschlungen werden.
D.: Tod. Unangenehmes, *dahinschreiten,* dahinvegetieren, es muß grauslich sein.
F.: Angst.
D.: Ist ein Gefühl.
F.: Schuld.
D.: *(lange Pause)* Zu Schuld ... da fällt mir nichts Besonderes ein.
F.: Trauer.
D.: Tod eines Angehörigen. *Ich empfinde oft Trauer.*
F.: Warum?
D.: Ich bin sehr religiös und seh in der Welt Dinge, die mich traurig stimmen.
F.: Seit wann bist du sehr religiös?
D.: Durch meinen Stiefvater bin ich es geworden. Er ist ein wirklich überzeugter Christ.
F.: Abgrund.
D.: Bedeutet Gefahr für mich.
F.: Liebe.
D.: Sollte da sein. Man sollte Liebe immer greifbar haben.
F.: Möchtest du einmal heiraten?
D.: Ich glaub' schon.
F.: Hast du Angst, daß deine Ehe auch scheitern könnte?
D.: Ich werde alles daransetzen, daß nicht ich schuld daran werde! Wenn ich heirate, möchte ich das aus Liebe tun, nicht wegen Geld oder ähnlicher Dinge, wie es heutzutage passiert. *Ich werde versuchen, alles richtig zu machen, was man in einer Ehe nur richtig machen kann.*

F.: Sprichst du deine Mutter von jeder Schuld am Scheitern ihrer Ehe frei?
D.: Ich hab' selbst gesehen, daß sie eigentlich nie etwas falsch gemacht hat. *Es war immer nur mein Vater, der Streitsituationen hervorgerufen hat.* Meine Eltern waren zwanzig Jahre verheiratet, und ich kann mir gar nicht vorstellen, *warum er das gemacht hat. Er wird wahrscheinlich eine Freundin gehabt haben oder sonst irgend etwas. Wie ich gemerkt hab', daß es aus ist, war es für mich ein bisserl erschreckend.*

Versuch einer Interpretation

David hat offensichtlich bis vor kurzem nie eine ganzheitliche Mutterrepräsentanz gehabt – eine Mutter nämlich, mit der die Problematik der Wiederannäherung auch nur annähernd gelöst worden wäre. Seine Mutter war immer außer Haus – der frühe Vater wurde ihm so zum Mutterersatz, was solange gutging, als dieser Vater auch da war.

David dazu: *Ich hab' immer gewußt, daß er da war. Er war immer zur Stelle, wenn ich ihn gebraucht hab'.* So wird in der Regel immer die Mutter gesehen. Dieses „Da war" kommt in Davids Interview auch so oft, daß die tiefe Sehnsucht des Buben nach Zuwendung ganz offenbar wird. Als der Vater des vielen Alleinseins überdrüssig wird und die Zeit lieber außerhalb, als mit seinem Buben verbringt, verliert David seine psychologische Mutter. Jetzt muß er sich seiner leiblichen Mutter zuwenden; die ist zwar weiterhin 12 Stunden am Tag nicht zur Hand, aber David rationalisiert dies „einleuchtend", *daß alles, was ich einmal haben werde, von ihr und meinem Großvater her stammen wird.* Mehr ist ihm die Mutter – damals noch! – nicht. Er assoziiert mit ihr auch nur: *wichtige Bezugsperson.* Und bei Liebe fällt ihm bloß ein: *sollte da sein.*

Dafür verzeiht er seinem Vater (seiner Ersatzmutter; daher auch: *So wie du möchte ich nie sein!*) den Weggang nicht. Die frühen Streitereien der Eltern haben David kaum erregt; eher dürfte er es genossen haben, daß sein Vater (= „gute" Mutter) seine Mutter (= „böse" Mutter) für deren Fortbleiben im Streit bestrafte. David hat seinen Vater die eigenen Aggressionen gegen seine Mutter „miterledigen" lassen. Als der Vater aber zu weit geht und die Mutter vergewaltigen will, ist es David zuviel – er schickt den Vater verbal weg. Der macht daraufhin den größten Fehler: Er verstößt im Gegenzug den Sohn – worauf der Sohn nicht seinen Vater, sondern seine (Defacto-)Mutter verliert. In seinem Haß auf den Vater (die „gute" Mutter, die jetzt auch die „böse" geworden ist und die leibliche Mutter von dieser Besetzung befreit!) solidarisiert sich David jetzt mit der leiblichen Mutter: Gemeinsam gehen sie auf Vaterjagd. Dabei beschützt David die Mutter: *Ich wollte sie nie alleine lassen.* Er entscheidet sogar für sie: Wann nämlich geschieden wird! Er übernimmt quasi den männlichen Part in der Familie, weil dazu sein Vater offensichtlich nie in der Lage gewesen ist. Schuldgefühle gibt David wegen seiner Vaterhatz keine zu – aber er ist in der freien Assoziation darauf gehemmt. *Es fällt ihm nichts ein* dazu. Die utilitaristische Rückwendung auf seine Mutter, verbunden mit dem Verlust der psychologischen Mutter, stößt David in tiefe Konflikte: Er versagt – auch – in der Schule. Über das gemeinsame Feindbild versucht er jetzt die – späte – Wiedervereinigung mit der leiblichen Mutter. Sie dauert noch an: David assoziiert bei „verschlungen werden" daher mit *dahinschreiten* und *dahinvegetieren!* Das anfängliche Zweckbündnis Mann-Sohn–Frau-Mutter wird erst über das Hinzutreten des neuen Stiefvaters zu einer halbwegs funktionierenden Mutter-Sohn-Beziehung. Der neue Stiefvater ist David auch erstmals ein echter Vater. Der Bub blüht auf: Endlich hat David einen Vater, der ihm Vorbild ist und ihn von der alleinigen (Ersatz-)Mutterfixierung erlöst. Jetzt erst erlebt David eine funktionierende Dreierbeziehung: Er liebt seinen (Stief)Vater und seine Mutter als jeweils ganzheitliche und voneinander getrennte Personen. Als Paar erlebt er sie erstmals als Eltern: David kann erstmals seine Gefühle sowohl seiner Mutter als auch seinem (Stief-)Vater in deren richtigen und ganzheitlichen Repräsentanz zukommen lassen!

„Wenn ich krank war, hat sich meine Mutter um mich kümmern müssen" oder: der leidende Introvertierte
Interview mit Max

F.: Du wirst jetzt 18. Wann haben sich deine Eltern scheiden lassen?
M.: Ich war zweieinhalb Jahre alt. Ich hab' auch an meinen Vater so gut wie keine Erinnerung. Er hat sich bis zu meinem achten Lebensjahr ein-, zweimal jährlich und zu Weihnachten blicken lassen, ist mit mir irgendwohin gegangen – aber selbst das ist dann abgerissen.
F.: Warum ist der Kontakt zwischen euch abgerissen?
M.: Ich weiß es nicht. Es war irgendwann einmal zu Weihnachten – ich glaub', ich war acht Jahre alt – da hat er mir das letzte Mal ein Weihnachtsgeschenk gebracht, und dann war es aus.
F.: Hattet ihr Streit?
M.: Nein.
F.: Wie waren denn die damaligen Treffen mit deinem Vater?
M.: Er wollte mir imponieren. So hat er sich etwa von seiner Freundin den Porsche ausgeborgt, um mich zu beeindrucken. Es waren typische Väterbesuche: Einmal im Monat oder einmal in der Woche nimmt man den kleinen Sohn mit, und da zeigt man ihm halt alles, kauft ihm etwas und verwöhnt ihn.
F.: Das klingt so, als ob man es dir vorgesagt hätte.
M.: Jetzt empfinde ich es selbst so; früher ist mir das natürlich nicht bewußt gewesen!
F.: Hat dir der Porsche damals imponiert?
M.: Na sicher!
F.: Hat es dir leid getan, daß er wieder weggefahren ist?
M.: Na ja. *Ich hab' mich mit meiner Mutter immer besser verstanden als mit meinem Vater*
F.: Warst du nie traurig, als dein Vater weggefahren ist?
M.: Nein, eigentlich nie. Aber auf den nächsten Besuch habe ich mich, glaube ich, gefreut.

F.: Hättest du gerne gehabt, daß deine Eltern wieder beisammen gewesen wären?
M.: *Ich glaub' schon.*
F.: Kannst du dich erinnern, daß du in dieser Zeit oft geweint hast, daß dein Papa nicht da war?
M.: Nein. Meine Mutter hat mir die Scheidung nie verheimlicht, und ich hab' eigentlich immer gewußt, was los war. Ich hab' es vielleicht nicht verstanden, aber gewußt hab' ich es.
F.: Warum rufst du deinen Vater nicht mehr an?
M.: Das werde ich vielleicht irgendwann einmal machen, aber bisher *bin ich sehr gut ohne ihn ausgekommen,* und im Moment hab' ich eigentlich keine Lust und keinen Bedarf, ihn anzurufen. Ich will auch nicht mit ihm reden.
F.: Hat das einen Grund?
M.: Wenn er sich jetzt zehn Jahre lang nicht um mich gekümmert hat – warum soll ich jetzt auf einmal anfangen?
F.: Warum hat er sich so lange nicht um dich gekümmert?
M.: Weiß ich nicht.
F.: Weißt du, wo er wohnt?
M.: Ich könnte es wissen.
F.: Ist deine Mutter wieder verheiratet?
M.: Ja.
F.: Du verstehst dich mit deinem Stiefvater gut?
M.: Ja.
F.: Sagst du *Vater* zu ihm?
M.: Ja, sag' ich.
F.: Hat dir deine Mutter erzählt, warum sie sich scheiden ließ?
M.: Ja. Mein Vater dürfte nicht gerade der beste Mensch gewesen sein. Er war ziemlich rücksichtslos und hat einige Dinge gemacht, die man halt nicht tut. Ich hab' von meiner Mutter und meiner Familie hauptsächlich Schlechtes über ihn gehört – was ich aber nicht unbedingt alles glaube, denn es ist klar, daß das alles irgendwie gefärbt ist.
F.: Hast du mit Vater über den Grund der Scheidung gesprochen?
M.: Nein.
F.: Hast du damals verstanden, was *Scheidung* bedeutet?
M.: Irgendwie hab' ich es nicht so richtig mitgekriegt.

F.: Hat es damals deinen Stiefvater schon gegeben?
M.: Ja. Wie ich in die Schule gekommen bin, hat meine Mutter das zweite Mal geheiratet.
F.: Kannst du dich an die rund viereinhalb Jahre Alleinsein mit deiner Mutter erinnern?
M.: Ja. Wir hatten kaum Geld damals, und meine Mutter hat ziemlich viel arbeiten müssen. Ich war als Folge davon bis zum Abend im Kindergarten, und das hat dann dazugeführt, *daß ich als Kind relativ viel krank war. Denn wenn ich krank war, hat sich meine Mutter um mich kümmem müssen.*
F.: Das erklärst jetzt *du* so – oder hat man es dir so erklärt?
M.: Das erklär' sowohl ich mir so, als auch meine Mutter es tut.
F.: Kannst du dich an diese Krankheiten erinnern? Oder weißt du von ihnen nur aus der Erzählung deiner Mutter?
M.: An manches kann ich mich erinnern. So hab' ich eine Bauchdeckeneiterung gehabt, eine beiderseitige Mittelohrentzündung, auch Lungenentzündung und Blinddarmentzündung.
F.: Gibt es irgendwelche Träume aus dieser Zeit?
M.: Wenig. Eigentlich gar nichts.
F.: Kannst du dich an irgendein Erlebnis mit deiner Mutter erinnern, das in diese Zeit fällt? Was ist das Früheste, woran du dich erinnern kannst?
M.: *Ich war immer ein ziemlich ruhiges Kind, ich hab' mich nie gewehrt* und einmal hat mich jemand gebissen – *und da hab' ich zurückgeschlagen.* Da war ich zweieinhalb Jahre alt.
F.: Hast du das bildlich vor dir?
M.: Das hab' ich bildlich vor mir. Der Dragan hat mich gebissen. Ich kann mich noch genau erinnern, wie mich meine Mutter aus dem Kindergarten abgeholt hat und ich es ihr erzählte.
F.: Gibt es irgendein belastendes Erlebnis mit deiner Mutter aus dieser Zeit?
M.: Ich glaub' nicht, daß irgend etwas belastend war. Ich hab' mich mit meiner Mutter immer sehr gut verstanden. Ich versteh' mich auch jetzt noch sehr gut mit ihr.
F.: Hast du dich vor deiner Mutter jemals gefürchtet?
M.: Nein.

F.: Würdest du sagen, daß du zu deiner Mutter ein völlig unbelastetes Verhältnis hast?
M.: Ja.
F: Wie war es denn, als dein Stiefvater in euer Leben getreten ist? Weißt du noch, wie du reagiert hast?
M.: Ich kenne meinen Stiefvater schon vor seiner Heirat mit meiner Mutter; er war ein entfernter Verwandter.
F: Mit deinem Stiefvater ist das Verständnis bestens?
M.: Solange es keine schulischen Probleme gibt! Ich glaube, das ist aber zwischen jedem Kind und Vater so: Wenn die Schule nicht hinhaut, und die Eltern immer wieder darauf bestehen. Gravierende Streitigkeiten hat es nie gegeben.
F.: Akzeptierst du deinen Stiefvater als vollwertigen Vater?
M.: Ja. Er behandelt mich wie einen Sohn, und ich sehe in ihm meinen Vater.
F.: Vier Jahre hast du mit deiner Mutter alleine gelebt?
M.: Ja. Ich war aber auch viel im Garten bei meiner Großtante – von dort her habe ich auch meinen jetzigen Stiefvater schon gekannt. Ich hab' mich mit ihm auch immer blendend verstanden. Auch mit meinem Stiefbruder, der um acht Jahre älter ist als ich. In der Volksschule hab' ich immer sehr viel gewußt, weil ich meinem Stiefbruder immer Löcher in den Bauch gefragt hab. *(Lacht): Es klingt vielleicht blöd, daß ich mich mit allen Leuten gut versteh, aber es ist so.*
F.: Wieso bist du denn voriges Jahr sitzengeblieben?
M.: Das ist kompliziert, und ich möchte darüber eigentlich nicht sprechen. Es ist da einiges zusammengekommen ... *ich war unglücklich verliebt.*
F.: Wir machen jetzt ein paar freie Assoziationen. Scheidung.
M.: *Streit.*
F.: Ehe.
M.: Liebe.
F.: Vater.
M.: *Stiefvater.*
F.: Mutter.
M.: Liebe.
F.: Treue.

M.: Wichtig.
F.: Traum.
M.: Schlaf.
F.: Angst.
M.: Furcht.
F.: Schlange.
M.: Gift.
F.: Verschlungenwerden.
M.: Angst.
F.: Wovor?
M.: Vorm Verschlungenwerden.
F.: Möchtest du einmal heiraten?
M.: Wahrscheinlich, ja.
F.: Erwartest du Treue?
M.: Ja.
F.: Hast du Angst, daß deine Ehe auch durch Scheidung zu Bruch gehen könnte?
M.: Wenn man die Statistiken anschaut, ist die Gefahr sicher groß. Ich werde aber alles tun, damit es nicht so endet.
F.: Fühlst du dich als Opfer der Scheidung deiner Eltern?
M.: Nein. *Wahrscheinlich* hab' ich aber darunter gelitten.
F.: Inwiefern?
M.: Bis zu meinem sechsten Lebensjahr *hab' ich praktisch keinen Vater gehabt! Er ist mir sicher abgegangen!*
F.: Kannst du ein Beispiel dafür nennen, woraus du das schließt?
M.: *Zum Beispiel im Kindergarten, wo alle über ihre Väter gesprochen haben und ich ... naja ...*
F.: Noch eine freie Assoziation: Trauer.
M.: Tod.
F.: Wieso Tod?
M.: Der Tod meiner Großtante.
F.: Krankheit?
M.: *(langes Schweigen)*
F.: Fällt dir nichts ein dazu?
M.: Nein. Doch, jetzt: Krankenhaus, Arzt.
F.: Hast du deiner Mutter jemals Vorwürfe gemacht, daß sie sich scheiden hat lassen?

M.: Nein.
F.: Wirkt die Scheidung deiner Eltern bei dir noch nach?
M.: Die Scheidung nicht. *Nachwirken tut aber der Umstand, daß ich jahrelang nur von meiner Mutter erzogen worden bin und keine Vaterfigur gehabt hab'.*
F.: Was fällt dir dazu ein?
M.: Es mißfällt mir bei anderen Männern deren Macho-Gehabe. *Ich glaube, daß das darauf zurückzuführen ist, daß ich in diesem Alter keine Vaterfigur gehabt habe, der ich nacheifem hätte können.*
F.: Worin würdest du denn einer Vaterfigur nacheifern wollen?
M.: *Generell.*
F.: Du hast über deine Liebesgeschichte nicht gesprochen. Könnte das Scheitern dieser Beziehung damit etwas zu tun haben?
M.: Nein. Das war ganz etwas anderes.

Versuch einer Interpretation

Max ist ein ruhiger, großer, mächtiger und kräftiger Bursch, offenbar von Herzen gut und gemütlich. Niemand käme auf die Idee, ihn anzugreifen; er würde auch niemanden etwas Böses tun – nur beißen darf man ihn nicht. Ein so introvertierter Typ, der seine Aggressionen nicht nach außen ableitet und der unter dem vermißten Vorbild der Vaterfigur *leidet* (er betont es mehrmals im Interview!), leitet sein Konfliktpotential nach innen ab. Seine Krankheiten sprechen Bände: Entzündungen sind Folgen geschwächten Immunsystems – und solche Schwächungen sind allemal psychisch bedingt. Daß seine Krankheiten Folgen eines seelischen Konfliktes waren, weiß Max nicht nur, es *ist* so: Seine Assoziation auf „Krankheit" ist gehemmt. Erst verzögert assoziiert er kausal. Überhaupt hat Max sein Leben erklärend im Griff: Wo diese Rationalisierung nicht greift, ist er unsicher: in der Liebe etwa. Der Verlust der Freundin – er spricht nicht über sie – mag ihn an den Verlust des Vaters erinnern. Die Trauer darüber muß er leugnen, da sonst das gute Verhältnis mit seinem Stiefvater gefährdet ist. Denn auch den mag er nicht verlieren: er *ist* ja sein (Ersatz-)Vater! Aber Max fühlt (weiß?) ganz genau, daß er in seiner wichtigsten Lebensphase kein Vaterbild zur Verfügung hatte. Daß er kein Macho ist – wie er rationalisierend erklärt – schreibt er diesem Fehlen (vielleicht richtig) zu. Wahrscheinlicher ist jedoch, daß sein sanftes Wesen ein Abwehrverhalten ist: durch das Vermeiden jeglicher Aggression nicht noch weitere Menschen zu verlieren – die Mutter, den Stiefvater, die Freundin ...

Dafür straft er den Vater mit Negation.

Literaturverzeichnis

Arnold, Wilhelm/Eysenck, Hans Jürgen/Meili, Richard (Hrsg.): Lexikon der Psychologie, Herder, Freiburg im Breisgau 1987

Beal, Edward/Hochmann, Gloria: Wenn Scheidungskinder erwachsen sind, Wolfgang Krüger Verlag, Frankfurt 1992
Beck/Beck-Gernsheim: Das ganz normale Chaos der Liebe, Suhrkamp Verlag, Frankfurt am Main 1990
Benard, Cheryl/Schlaffer, Edit u. a.: Nichts gegen Gewalt – Über die Dimensionen eines gesellschaftlichen Problems und die Notwendigkeit konsequenter Maßnahmen, Studie, präsentiert vom Familienministerium in Wien
Bächler, Dieter: Scheidungskinder, Buch & Media, München 2008
Bettelheim, Bruno: Kinder brauchen Märchen, dtv, München 1988
Bly, Robert: Eisenhans, Kindler Verlag, München 1990
Bröning, Sonja: Kinder im Blick, Waxmann, Münster 2009
Bürger, Joachim: Mann, bist du gut, Erd-Verlag, München 1990

Caignol, Denise/Groves, Gail: Schlagfertige Frauen, Orlanda. Frauenverlag, Berlin 1990
Cohen, Sherry S.: Sanfte Macht, Kabel Verlag, Hamburg 1990
Cöllen, Michael: Das Paar. Menschenbild und Therapie als Paarsynthese, Kösel Verlag, München 1989

Fienkelkraut/Bruckner: Die neue Liebesunordnung, Rowohlt Taschenbuch Verlag, Reinbek bei Hamburg 1989
Figdor, Helmuth: Kinder aus geschiedenen Ehen: Zwischen Trauma und Hoffnung, Matthias-Grünewald-Verlag, Mainz 1991
Figdor, Helmuth: Scheidungskinder – Wege der Hilfe, Psychosozial-Verlag, Gießen 1998
Freud, Anna: Das Ich und seine Abwehrmechanismen, Wien 1936
Freud, Sigmund: Jenseits des Lustprinzips, Ges. Werke, Bd. 13, London 1940
– Charakter und Analerotik, Ges. Werke, Bd. 7, London 1940

- Das Ich und das Es, Ges. Werke, Bd. 13, London 1940
- Psychopathologie des Alltagslebens, Ges. Werke, Bd. 4, London 1940

Friebel, Harry: Die Gewalt, die Männer macht; Rowohlt Taschenbuch Verlag, Reinbek bei Hamburg 1991
Friedrich, Max H.: Die Opfer der Rosenkriege, Ueberreuter, Wien 2004
Fritsch, Bernd/Maurer Ewald: Ehe auf österreichisch. Beratung in allen Fragen der Partnerschaft, Juridica Verlag, Wien 1984
Fritsch, Sibylle/Langbein, Kurt: Das Land der Sinne, Orac Verlag, Wien 1991
Fromm, Erich: Die Kunst des Liebens, Deutsche Verlags Anstalt, Stuttgart 1980
- Haben oder sein. Die seelischen Grundlagen einer neuen Gesellschaft, dtv München 1980

Fuchs, Anneliese: Ist die Familie noch zu retten? Woran sie krankt – wie sie zu heilen ist; Herder, Freiburg im Breisgau, 1981
Fuhrmann-Wönkhaus, Elke: Scheidungkinder, Humdoldt. Hannover 2009

Gibran, Khalil: Der Prophet, Walter-Verlag, Olten 1991
Gilligan, Carol: Die andere Stimme, Piper Verlag, München 1982
Gröne, Julia: Lösungen durch Scheidungsmeditation, VDM-Müller, Saarbrücken 2007

Irigaray, Luce: Die Zeit der Differenz, Campus Verlag, Frankfurt am Main 1991

Kinder und Scheidung, Rüegger, Zürich 2009

Largo, Remo H.: Glückliche Scheidungskinder, Piper, München 2003
Lasch, Christopher: Geborgenheit – Die Bedrohung der Familie in der modernen Welt, dtv, München 1987
Loidl, J.: Scheidung. Ursachen und Hintergründe, Böhlau, Wien 1985
Luhmann, Niklas: Liebe als Passion. Zur Codierung der Intimität, Suhrkamp Verlag, Frankfurt am Main 1982

Mahler, M, S.: Symbiose und Individuation, Klett-Cotta, Stuttgart 1983

Martin, Nicole: Die Entwicklung von Scheidungskindern, VDM-Müller, Saarbrücken 2007

Mitterbauer, Eva: Was ist nur los? Ein Ratgeber für Töchter, die erwachsen werden – und Eltern, die das miterleben; Breitschopf, Wien 1988

Müller, Karina: Die Zeit heilt alle Wunden – aber nicht die tiefsten. Grind-Verlag, München 2009

Niesel, Renate: Scheidungskinder, Südwest, München 1998

Ochs, Matthias: Was heißt schon Idealfamilie?! Eichborn, Frankfurt/Main 2002

Ochs, Matthias: Familie geht auch anders, Carl-Auer-Verlag, Heidelberg 2008

Osheron, Samuel: Die ersehnte Begegnung. Männer entdecken ihre Väter, EHP, Köln 1990

Petri, Horst: Verlassen und verlassen werden, Kreuz Verlag, Stuttgart 1992

Richter, Ursula: Die Rache der Frauen, Kreuz Verlag, Stuttgart 1991

Salk, Lee: So helfe ich meinem Kind, wenn ich mich scheiden lasse; Econ, Düsseldorf 1986

Saltzwedel, Johanna: Das Risiko der Vaterentbehrung, Diplomica-Verlag, Hamburg 2009

Schwarz, Gerhard: Konfliktlösung als Prozeß, Sonderdruck o. J.

Schulz, Daniela: Scheidungskinder und ihre Perspektiven, VDM-Müller, Saarbrücken 2007

Spangenberg, Brigitte: Märchen für Scheidungskinder, Humboldt-TB, München 1997

Stierlin, H.: Eltern und Kinder. Das Drama von Trennung und Versöhnung im Jugendalter, Suhrkamp, Frankfurt am Main 1980

Tannen, Deborah: Du kannst mich einfach nicht verstehen, Kabel Verlag, Hamburg 1991

Wallerstein, Judith/Blakeslee S.: Gewinner und Verlierer, Droemer Knaur, 1989
Weiss, Walter: Was ist nur los? Ein Ratgeber für Söhne, die erwachsen werden – und Eltern, die das miterleben; Breitschopf, Wien 1988
Wir bleiben eure Eltern!, Albarello, Wuppertal 2007
Wir Scheidungskinder, Schwarzkopf und Schwarzkopf, Berlin 2003

Zwettler, Sylvia/Strauch, Günter: Verstehen und erziehen, Jugend und Volk, Wien 1980
Zwettler-Otte, Sylvia: Narzißmus im Spiegel antiker Mythologie, in: Sigmund Freud House Bulletin, Summer 1990/Vol 14/1

Reihe: „Eine Analyse"
Markus und Walter Weiss
Kinder als Waffe
Von Scheidungswaisen und anderen Opfern
200 Seiten,
Format 19 x 11,5 cm
broschiert
ISBN 3-85167-127-9
€ 19,80

Kinder sind von Ehescheidungen besonders betroffen – die Folgen der oft zermürbenden Kämpfe um Sorgerecht, Besuchsrecht usw. gehen von Schlafstörungen und Schulproblemen bis hin zu psychischen und psychosomatischen Erkrankungen. Da die Zahl der Ehescheidungen laufend zunimmt und damit auch die der davon betroffenen „Scheidungswaisen" und die der alleinerziehenden Elternteile rapide im Ansteigen begriffen ist, werden in diesem Buch Wege aufgezeigt, mit den auftretenden und zu erwartenden Problemen in einer Weise fertigzuwerden, die der Entwicklung des Kindes und Jugendlichen förderlich ist. Nicht zuletzt geht es dabei aber auch darum, daß der infolge einer Scheidung alleinerziehende Elternteil nicht mit dem ständigen Schuldgefühl leben muß, als Mutter/Vater und Ehefrau/Ehemann versagt zu haben.

Dieses Buch ist ein ehrliches und deshalb auch zutiefst berührendes Bekenntnis: Vater und Sohn haben nach 16 Jahren Trennung – verursacht durch die damalige elterliche Scheidung – wieder zueinandergefunden. Jetzt versucht der Sohn – mit dem rein *psychoanalytischen* Rückblick seines Vaters konfrontiert –, dessen (durch diesen rein wissenschaftlichen Zugang natürlich nicht bewältigten!) Scheidungstrauma die eigene Betroffenheit als (ebenso traumatisiertes!) Scheidungsopfer *emotional* entgegenzusetzen. Der inzwischen erwachsen Gewordene und vom Vater wieder Angenommene ist dabei der weitaus stärker Verletzte: Als vom zornigen Vater seinerzeit verstoßener Sohn hat er alle Tiefen des väterlichen Liebesentzuges sowohl psychisch als auch somatisch durch- und wie durch ein Wunder auch überlebt. Eine betroffen und – hoffentlich auch! – nachdenklich machende Fallstudie für alle **vor** einer Scheidung Stehenden …

GOTTFRIED WAGNER

TATORT PÄDAGOGIK
Alles Reform – oder was?

...MIT CARTOONS

Eine ketzerisch-satirische Streitschrift wider die pädagogische Unvernunft und das standardisierte Denken

Reihe: „Eine Analyse"
Gottfried Wagner
Tatort Pädagogik
Alles Reform – oder was?
Eine ketzerisch-satirische Streitschrift wider die pädagogische Unvernunft und das standardisierte Denken mit einem Gastkommentar von Dr. Walter Weiss
112 Seiten,
Format 12 x 19 cm mit
13 Cartoons vom Autor
ISBN 978-3-85167-246-6
€ 19,80

Die Pädagogik ist in den Strudel der allgemeinen Krisenstimmung geraten. Sie strampelt verzweifelt wie ein auf dem Rücken liegender Käfer. Aber statt sie wieder auf die Beine zu stellen, empfiehlt man ihr, doch schneller und kräftiger zu strampeln oder mit den Flügeln zu schlagen. Die Schlagworte, die der Patientin zur Genesung täglich wie Lebertran verabreicht werden lauten: Lebenslanges Lernen, Lernen lernen, Teamfähigkeit, Innovation, Integration, Individualisierung, Kreativität, neue Lernkultur, Zukunftsfähigkeit, Schulentwicklung, Projektarbeit, fächerübergreifendes Lernen, eigenverantwortliches Lernen, offenes Lernen etc. etc. Die Liste dieser Schlagwörter, die der Autor analog zu „Killerphrasen" als „Killerbegriffe" bezeichnet, scheint endlos. Killerbegriffe werden als Waffen eingesetzt. Sie sind so positiv besetzt und unanzweifelbar, daß ihr Infragestellen einer blasphemischen Anmaßung gleichkommt. Selbst kirchliche Dogmen erscheinen dagegen wie unverbindliche Empfehlungen und Richtwerte. Diese Killerbegriffe verbreiten sich mit pandemischer Heimtücke in Windeseile. Die Überträger sind (Bildungs)politiker und Fortbildner. Bei der Vogelgrippe konnte man durch Keulung von Enten und Gänsen wenigstens das Schlimmste verhindern.

Gottfried Wagner nennt sein Buch eine „ketzerisch-satirische Streitschrift". „Ketzerisch" deshalb, weil es in der momentanen Diskussion um Pädagogik und Schulreform nur so wimmelt von Glaubenssätzen, Heilsversprechen, Quacksalberei, Irrationalem, Sektierertum, Inquisitorischem, daß einem selbst das Mittelalter wie eine aufgeklärte Epoche vorkommt.

„Satirisch" deshalb, weil nur diese Literaturform den ganz normalen Wahnsinn angemessen entlarven kann.